高等学校应用型本科创新人才培养计划系列教材

高等学校工业信息化类专业课改教材

智能制造导论

德州学院
青岛英谷教育科技股份有限公司　编著

西安电子科技大学出版社

内 容 简 介

本书主要讨论智能制造的时代背景、基本概念、架构体系、关键技术、产业模式、发展情况、中国智能制造的使命等。全书共分为 6 章。第 1 章介绍了智能制造的背景和发展历程，以及智能制造的概念和技术特征；第 2 章介绍了智能制造系统的定义、架构和组成，并列举了相应实例；第 3 章介绍了智能制造装备与服务的定义与市场前景；第 4 章介绍了智能制造体系中的核心技术及其重要作用；第 5 章分析和总结了智能制造的产业模式，以及传统制造业升级转型的方向；第 6 章结合实际案例，介绍了中国智能制造的发展现状和目标。

本书内容精练、语言通顺、概念性强、案例翔实，可作为高校智能制造专业的教材使用，也可为有志于从事智能制造工作的读者提供理论参考。

图书在版编目(CIP)数据

智能制造导论/德州学院，青岛英谷教育科技股份有限公司编著.
—西安：西安电子科技大学出版社，2016.8(2023.1 重印)
ISBN 978-7-5606-4198-0

Ⅰ.①智…　Ⅱ.①德…　②青…　Ⅲ.①智能制造系统—制造工业—研究—中国
Ⅳ.①F426.4

中国版本图书馆 CIP 数据核字(2016)第 169326 号

策　　划　毛红兵
责任编辑　闫柏睿　毛红兵
出版发行　西安电子科技大学出版社(西安市太白南路 2 号)
电　　话　(029)88202421　88201467　　邮　　编　710071
网　　址　www.xduph.com　　　　　电子邮箱　xdupfxb001@163.com
经　　销　新华书店
印刷单位　咸阳华盛印务有限责任公司
版　　次　2016 年 8 月第 1 版　　2023 年 1 月第 7 次印刷
开　　本　787 毫米×1092 毫米　1/16　印　张　9.25
字　　数　210 千字
印　　数　17 001～20 000 册
定　　价　26.00 元

ISBN 978-7-5606-4198-0/F

XDUP 4490001-7
如有印装问题可调换

教材编委会

主编　邓广福

编委　王　燕　　尚书旗　　武玉强　　孙如军

　　　刘永胜　　张广渊　　连政国　　宋贞海

　　　金秀慧　　曹光明　　潘为刚　　黄新平

◆◆◆ 前　言 ◆◆◆

智能制造是《中国制造 2025》的主攻方向，也是我国从制造大国转型为制造强国的根本途径。随着信息技术和电子科技的发展，智能制造必将成为未来制造业的核心，带来世界制造业产业模式的转变，重塑中国制造业的全球优势。

多年来，我国推行工业化和信息化深度融合（两化融合），使得信息技术广泛应用于制造业的各个环节，在发展智能制造方面具有一定的优势。另外，"互联网+"行动计划，推动移动互联网、云计算、大数据、物联网等技术与现代制造业相结合，也进一步促进了传统制造业向智能制造转型。但是与发达国家相比，我国智能制造的水平还存在相当大的差距，高端传感器、重要操作系统和核心装备的智能化水平有待提高，工业机器人的普及与应用也远远不够，互联网与工业的融合发展尚有很大空间。此外，人才短缺也日益成为我国发展智能制造的最大瓶颈，主要体现在三个方面：一是制造业人才培养与实际需求脱节，工程教育实践环节薄弱；二是技术技能型人才在企业中的地位和待遇整体较低，无法实现自己的价值，积极性不高；三是高技能人才和领军人才紧缺。

本书是面向高等院校智能制造及工业数字化专业方向的标准化教材，内容涵盖智能制造的概念、结构体系、关键技术、商业模式以及应用与展望等多方面内容，并充分结合当前制造业企业的智能化转型需求，经过了成熟的调研和论证，参照了多所高校一线专家的意见，具有系统性、实用性等特点，目的是使读者在系统掌握智能制造专业知识的同时，获得学以致用的能力以及解决实际问题的能力。

本书以开启学生对智能制造的兴趣、了解智能制造的发展概况、掌握智能制造及相关领域技术知识为目标，在原有体制教育的基础上对课程进行改革，重点加强对智能制造核心应用技术的讲解，使学生经过系统完整的学习后，能够熟练掌握智能制造的相关理论，了解智能制造的发展历程、现状与最新动态，具备智能制造技术应用与研发的专业素质，以及对当代前沿科技发展趋势的敏锐洞察力。

全书共分为 6 章，内容安排如下：

第 1 章：简要回顾人类工业发展史，讲解智能制造的时代背景和发展现状，以及智能制造的概念、体系框架和技术特征，旨在让学生对智能制造有个整体的认识，为后面学习具体技术及了解整个智能制造产业发展情况打下基础。

第 2 章：介绍智能制造系统的定义、架构以及组成，详细讲解智能制造系统在工厂与企业中的作用，并通过西门子智能制造系统的案例，使学生直观地了解智能制造系统是如何以最小的资源消耗获得最高的生产效率的。

第 3 章：介绍智能制造装备和服务的定义与市场前景，详细讲解智能制造装备技术与智能制造服务技术。

第 4 章：分类讲解智能制造的各项核心技术知识——工厂物联网、工业互联网、云计算、工业大数据、工业机器人等，详细介绍其技术原理、分类和在智能制造体系中的作用。

第 5 章：分析和总结智能制造的产业模式，阐述在智能制造体系中传统制造业的生产方式与商业模式的巨大转变，预测智能制造的产业前景，以及传统制造业升级转型的方向。

第 6 章：结合实际案例，详细介绍智能制造的应用，并通过对案例的分析，使学生充分了解中国智能制造的优势、劣势和使命。

本书知识点分布合理，章节间衔接流畅，内容由浅入深，由总括到细分再总揽全局，理论结合实际，充分满足各类读者的学习需求。同时为了更加符合教学要求，本书在结构编排上进行了精心设计。每章的开始设有本章目标，可以让学生更有针对性地学习；在章末安排了小结和练习，以加深学生对相关内容的理解和掌握。

本书由德州学院与青岛英谷教育科技股份有限公司编写，参与本书编写工作的有邓广福、刘伟伟、张玉星、卢玉强、孙锡亮、袁文明、刘鹰子、王燕、宁维巍等。本书在编写期间得到了各合作院校专家及一线教师的大力支持和协作。在本书出版之际，要特别感谢合作院校的师生给予我们的支持和鼓励，感谢开发团队每一位成员所付出的艰辛劳动与努力。

由于编者水平有限，书中难免有不当之处。读者若在阅读过程中发现问题，可以通过邮箱（yinggu@121ugrow.com）联系我们，以期不断完善。

本书编委会
2016 年 5 月

❖❖❖ 目　　录 ❖❖❖

第1章　智能制造总论

本章目标

- 了解智能制造的时代背景

- 了解制造业的转型历程

- 掌握智能制造的概念

- 掌握智能制造的理论基础和体系结构

- 了解智能制造的技术特点

- 熟悉智能制造与物联网、机器人、大数据等之间的联系

- 了解中国制造的技术、管理、制度创新

智能制造是未来制造业的发展方向，是制造过程智能化、生产模式智能化和经营模式智能化的有机统一。智能制造能够对制造过程中的各个复杂环节(包括用户需求、产品制造和服务等)进行有效的管理，从而更高效地制造出符合用户需求的产品。在制造这些产品的过程中，智能化的生产线让产品能够"了解"自己的制造流程，同时深度感知制造过程中的设备状态、制造进度等，协助推进生产过程，如图1-1所示。

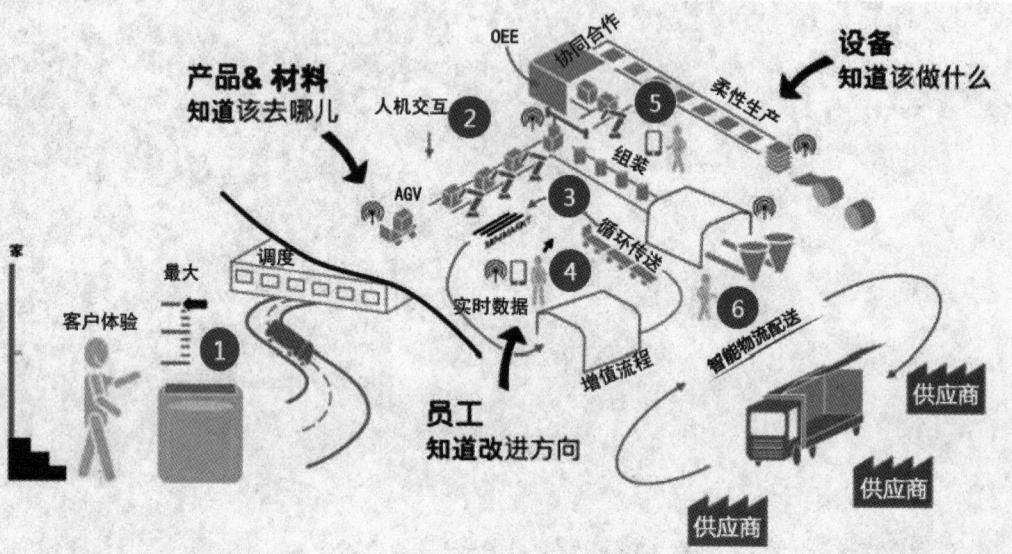

图1-1 智能化工厂

要实现智能制造，必须让用户、机器和资源相互之间能自然地沟通和协作。因而智能制造不仅会成为未来制造业的核心，也将带来传统价值链和商业模式的深刻变革。

1.1 智能制造的时代背景

当前，全球制造业正在发生新革命。随着德国工业 4.0(第四次工业革命)概念的提出，物联网、工业互联网、大数据、云计算等技术的不断创新发展，以及信息技术、通信技术与制造业领域的技术融合，新一轮技术革命正在以前所未有的广度和深度，推动着制造业生产方式和发展模式的变革。

1.1.1 制造业发展

1. 制造业发展历程

制造业是国民经济的基础工业，是影响国家发展水平的决定因素之一。自瓦特发明蒸汽机以来，制造业已经历了机械化、电气化、自动化三次技术革命，每一次技术革命都有着显著的特点。其发展历程如表1-1所示。

表 1-1　制造业发展历程

发展阶段	年份	里程碑	主 要 成 果
机械化	1760—1860	水力和蒸汽机	机器生产代替手工劳动，社会经济基础从农业向以机械制造为主的工业转移
电气化	1861—1950	电力和电动机	采用电力驱动的大规模生产，产品零部件生产与装配环节的成功分离，开创了产品批量生产的新模式
自动化	1951—2010	电子技术和计算机	电子计算机与信息技术的广泛应用，使得机器逐渐代替人类作业
智能化	2011 至今	网络和智能化	实现制造的智能化、个性化和集成化

随着计算机的问世，机械制造业大体沿着两条路线发展：一是传统制造技术的发展，二是借助计算机和数字控制科学的智能制造技术与系统的发展。20 世纪以来，自动化制造的发展大体每十年上一个台阶：20 世纪 50～60 年代的"明星"是硬件数控(Hard NC)，70 年代以后则是计算机数据控制(CNC)蓬勃发展，80 年代世界范围的柔性自动化热潮兴起，同时计算机集成制造开始出现，但由于技术局限等原因，并未大规模应用于当时的实际工业生产。

如今，人类社会的制造业已从机械化全面迈向智能化、个性化，"私人定制"式工业生产将成为最新一次技术革命的主要标志。

2．智能制造的产生

80 年代以来，传统制造技术得到了不同程度的发展，但日益先进的计算机控制技术和制造技术，使得传统的设计和管理方法已无法有效解决现代制造系统中存在的很多问题。这促使研究人员、设计人员和管理人员不断学习、掌握并研究全新的产品、工艺和系统，然后利用各学科最新研究成果，借助现代的工具和方法，在传统制造技术、计算机技术与科学、人工智能等技术进一步融合的基础上，开发出了一种新型的制造技术与系统，即智能制造技术(IMT)与智能制造系统(IMS)。

90 年代以后，世界各国竞相大力发展 IMT 和 IMS 的深层次原因有以下几个：

(1) 集成化离不开智能化。制造系统是一个复杂的大系统，系统中多年积累的生产经验，生产过程中的人机交互，都必须使用智能装备(如智能机器人等)才能实现。而脱离了智能化，集成化也就不能完美实现。

(2) 智能化机器较为灵活。智能化既可应用于系统，也可应用于单机。单机可发展一种智能，也可发展多种智能。无论在系统中或单机上，智能化均可工作，不像集成制造系统那样，必须全系统集成才可工作。

(3) 智能化的经济效益较高。相比之下，现有的计算机集成制造系统(Computer Integrated Manufacturing System，CIMS)少则投资数千万元，多则投资数亿元乃至数十亿元，很少有企业能承担得起。而且，CIMS 维护费用高昂，投入运行还得废弃原有的设备，自然难以推广。

(4) 人员减少。雇员白领化使得经验丰富的机械工人和技术人员日益缺乏，但产品制造技术却越来越复杂，因而必须使用人工智能和知识工程技术解决现代化企业的产品加工问题。

(5) 依靠生产管理和生产自动化提高生产率。人工智能与计算机管理的结合，使之前不懂计算机的人也能通过视觉、对话等智能交互方式进行科学化的生产管理，有效提高生产率。

3．中国制造业的困局

过去，中国制造业利用低廉的劳动力成本、丰富的原材料供应等优势，成了"世界工厂"。经过三十多年的发展，中国制造业的产能得到了空前的提升，中国也成为制造大国。但是近年来，由于工人工资水平上涨、人民币升值等因素的影响，中国制造的成本优势在不断丧失。

与此同时，随着中国经济的发展，中国进入物质富足的时代，人们开始关注商品的质量、性能或品牌而非价格。商品的定价不再取决于成本，而取决于消费者心理上对其价值的认同。以降低产品质量、用户体验和服务水准来换取价格优势的做法，越来越没有生存空间。不仅如此，在高端产品方面，中国制造仍以代工、加工为主，真正拥有核心技术与自主知识产权的产品不多，处于价值链的底端，利润率较低。

综上所述，中国制造业急需一场革命性的转型升级。

1.1.2　全球制造业转型现状

20 世纪 80 年代以来，产品性能的复杂化及功能的多样化，使其包含的制造信息量猛增，导致了生产线与生产设备内部信息流量的增长，制造业技术发展的热点与前沿也因此日益转向提高制造系统处理爆炸增长的制造信息的能力、效率及规模上。制造系统正由原先的能量驱动型转变为信息驱动型，而这一转变对其性能提出了全新的要求。首先，制造系统不仅要具备柔性，还要表现出智能，否则难以处理如此庞杂的信息工作。其次，瞬息万变的市场需求和竞争激烈的复杂环境，也要求制造系统向更加灵活、敏捷和智能的方向转型。因此，智能制造越来越受到高度重视。

纵览全球，虽然总体而言智能制造尚处于概念和实验阶段，但各国政府均已将其列入国家发展计划，并大力推动实施。

在欧洲，2012 年年初，德国提出了工业 4.0(即第四次工业革命)战略，如图 1-2 所示。德国政府认为，当今世界正处于"信息网络世界与物理世界的结合"时期，应重点围绕"智慧工厂"和"智能生产"两大方向，巩固和提升本国在制造业的领先优势。为此，德国政府将工业 4.0 作为国家战略，并设立专项资金支持该计划的实施。

在 2013 年的德国汉诺威工业博览会上，西门子展示了如何运用其世界领先的科技创新成果，帮助制造业应对当今挑战，打造未来制造业发展的新模式，同时还展示了融合规划、工程和生产工艺以及相关机电系统于一体的工业 4.0 全面解决方案。德国电子电气工业协会预测，工业 4.0 将使现有企业工业生产效率提高 30%。

法国一些企业高层管理人员也认为，虽然法国政府没有提出明确计划，但新一轮的工业革命已然正在进行，并将推动人类的显著进步。据预测，未来几年工业信息技术与软件市场的规模将以年均 8%的速度增长，这一速度将是西门子在工业业务领域相关市场总体规模的两倍。

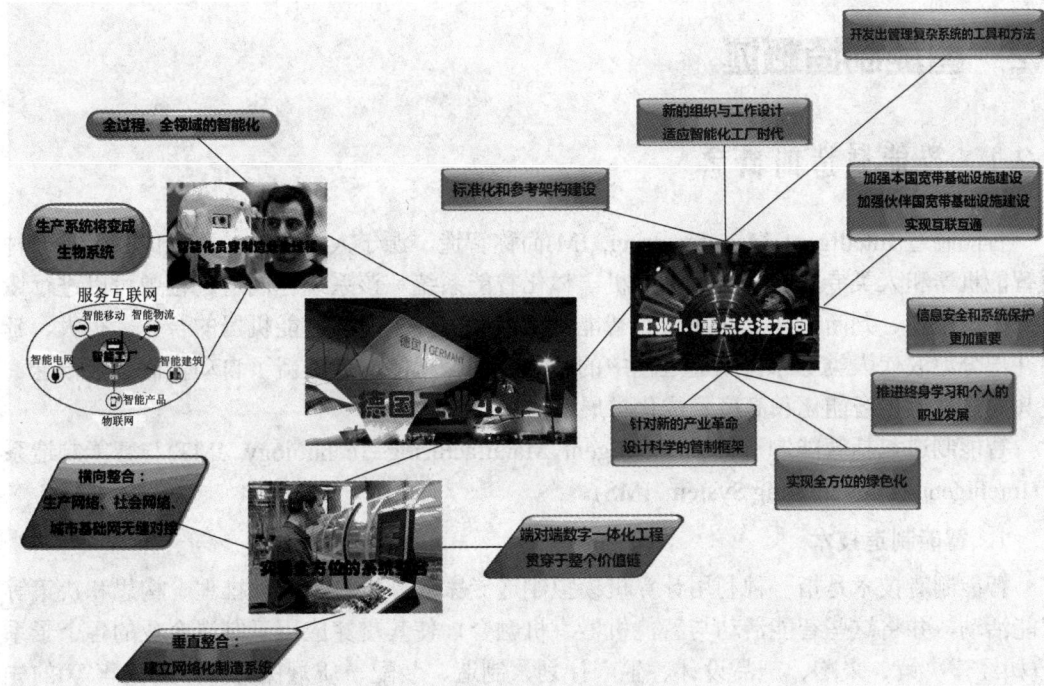

图 1-2 德国工业 4.0 战略示意图

与此同时，经历了次贷危机的美国也在通过各种措施，推动先进制造业的发展。2009 年年初，美国开始调整经济发展战略，并于同年 12 月公布了《重振美国制造业框架》；2011 年 6 月和 2012 年 2 月又相继启动了《先进制造业伙伴计划》《先进制造业国家战略计划》，推行"再工业化"和"制造业回归"。

"再工业化"的目的旨在短期刺激经济复苏、缓解严重失业状况，并缓和社会矛盾；中期致力于调整产业结构，培育新的增长动力，促进经济再平衡；长期则是要抓住新一轮产业革命之机，谋划战略主导权，重塑国家竞争优势。近年来，GE 等制造业公司倡导的将重心放在互联网的"工业互联网"策略，以及谷歌等高科技公司向机器人、汽车等制造业领域的渗透，即是美国再工业化思路的具体体现。据预测，由于相应举措带来的竞争力上升，未来六年内，美国每年将从欧洲、日本和中国等出口大国夺取 700 亿到 1150 亿美元的制造业出口额，这使得美国"再工业化"迅速成为全球热议话题。

在亚洲，日本也十分重视高端制造业的发展，2014 年，经济产业省继续把 3D 打印机列为优先扶持对象，计划当年投资 45 亿日元，开展名为"以 3D 打印造型技术为核心的产品制造革命"的大规模研究开发项目，加大企业开发 3D 打印技术等智能制造技术的财政投入。

2015 年 5 月 19 日，国务院印发《中国制造 2025》，部署全面实施制造强国战略。提出要以智能制造作为主攻方向，强化工业基础能力，提高综合集成水平，促进产业转型升级。

21 世纪，基于信息与知识的产品设计、制造和生产管理将成为知识经济和信息社会的重要组成部分，在此背景下，智能制造的提出必然得到学术界和工业界的广泛关注。

1.2 智能制造概述

1.2.1 智能制造的概念

智能制造(Intelligent Manufacturing, IM)简称智造，源于人工智能的研究成果，是一种由智能机器和人类专家共同组成的人机一体化智能系统。该系统在制造过程中可以进行诸如分析、推理、判断、构思和决策等智能活动，同时基于人与智能机器的合作，扩大、延伸并部分地取代人类专家在制造过程中的脑力劳动。智能制造更新了自动化制造的概念，使其向柔性化、智能化和高度集成化扩展。

智能制造包括智能制造技术(Intelligent Manufacturing Technology, IMT)与智能制造系统(Intelligent Manufacturing System, IMS)。

1. 智能制造技术

智能制造技术是指一种利用计算机模拟制造专家的分析、判断、推理、构思和决策等智能活动，并将这些智能活动与智能机器有机融合，使其贯穿应用于制造企业的各个子系统(如经营决策、采购、产品设计、生产计划、制造、装配、质量保证和市场销售等)的先进制造技术。该技术能够实现整个制造企业经营运作的高度柔性化和集成化，取代或延伸制造环境中专家的部分脑力劳动，并对制造业专家的智能信息进行收集、存储、完善、共享、继承和发展，从而极大地提高生产效率。

2. 智能制造系统

智能制造系统是一种由部分或全部具有一定自主性和合作性的智能制造单元组成的、在制造活动全过程中表现出相当智能行为的制造系统。其最主要的特征在于工作过程中对知识的获取、表达与使用。根据其知识来源，智能制造系统可分为两类：

- ✧ 以专家系统为代表的非自主式制造系统。该类系统的知识由人类的制造知识总结归纳而来。
- ✧ 建立在系统自学习、自进化与自组织基础上的自主型制造系统。该类系统可以在工作过程中不断自主学习、完善与进化自有的知识，因而具有强大的适应性以及高度开放的创新能力。随着以神经网络、遗传算法与遗传编程为代表的计算机智能技术的发展，智能制造系统正逐步从非自主式智能制造系统向具有自学习、自进化与自组织的具有持续发展能力的自主式智能制造系统过渡发展。

1.2.2 智能制造标准化参考模型

智能制造对制造业的影响主要表现在三个方面，分别是智能制造系统、智能制造装备和智能制造服务，涵盖了产品从生产加工到操作控制再到客户服务的整个过程。

智能制造的本质是实现贯穿三个维度的全方位集成，包括企业设备层、控制层、管理层等不同层面的纵向集成，跨企业价值网络的横向集成，以及产品全生命周期的端到端集成。标准化是确保实现全方位集成的关键途径，结合智能制造的技术架构和产业结构，可以从系统架构、价值链和产品生命周期等三个维度构建智能制造标准化参考模型，帮助我们认识和理解智能制造标准化的对象、边界、各部分的层级关系和内在联系。智能制造标准化参考模型如图 1-3 所示。

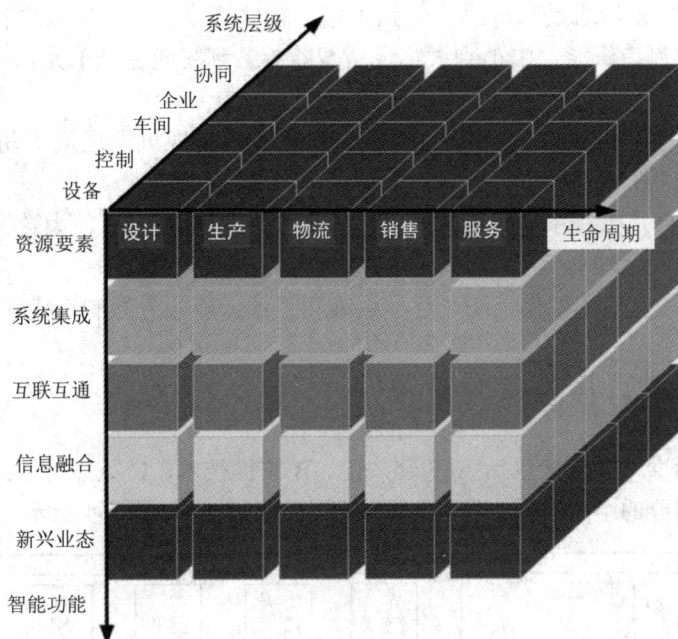

图 1-3 智能制造标准化参考模型

1. 生命周期

生命周期是由设计、生产、物流、销售、服务等一系列相互联系的价值创造活动组成的链式集合。生命周期中各项活动相互关联、相互影响。不同行业的生命周期构成不尽相同。

2. 系统层级

系统层级自下而上共五层，分别为设备层、控制层、车间层、企业层和协同层。智能制造的系统层级体现了装备的智能化、互联网协议(IP)化，以及网络的扁平化趋势。具体包括：

(1) 设备层级包括传感器、仪器仪表、条码、射频识别、机器、机械和装置等，是企业进行生产活动的物质技术基础。

(2) 控制层级包括可编程逻辑控制器(PLC)、数据采集与监视控制系统(SCADA)、分布式控制系统(DCS)和现场总线控制系统(FCS)等。

(3) 车间层级实现面向工厂/车间的生产管理，包括制造执行系统(MES)等。

(4) 企业层级实现面向企业的经营管理，包括企业资源计划系统(ERP)、产品生命周期管理(PLM)、供应链管理系统(SCM)和客户关系管理系统(CRM)等。

(5) 协同层级由产业链上不同企业通过互联网络共享信息来实现协同研发、智能生产、精准物流和智能服务等。

3. 智能功能

智能功能包括资源要素、系统集成、互联互通、信息融合和新兴业态等五层。具体为：

(1) 资源要素包括设计施工图纸、产品工艺文件、原材料、制造设备、生产车间和工厂等物理实体，也包括电力、燃气等能源。此外人员也可视为资源的一个组成部分。

(2) 系统集成是指通过二维码、射频识别、软件等信息技术集成原材料、零部件、能源、设备等各种制造资源，由小到大实现从智能装备到智能生产单元、智能生产线、数字化车间、智能工厂，乃至智能制造系统的集成。

(3) 互联互通是指通过有线、无线等通信技术，实现机器之间、机器与控制系统之间、企业之间的互联互通。

(4) 信息融合是指在系统集成和通信的基础上，利用云计算、大数据等新一代信息技术，在保障信息安全的前提下，实现信息协同共享。

(5) 新兴业态包括个性化定制、远程运维和工业云等服务型制造模式。

1.2.3 智能制造标准体系框架

智能制造标准体系结构包括 A 基础共性、B 关键技术、C 重点行业三个部分，主要反映标准体系各部分的组成关系。智能制造标准体系结构图如图 1-4 所示。

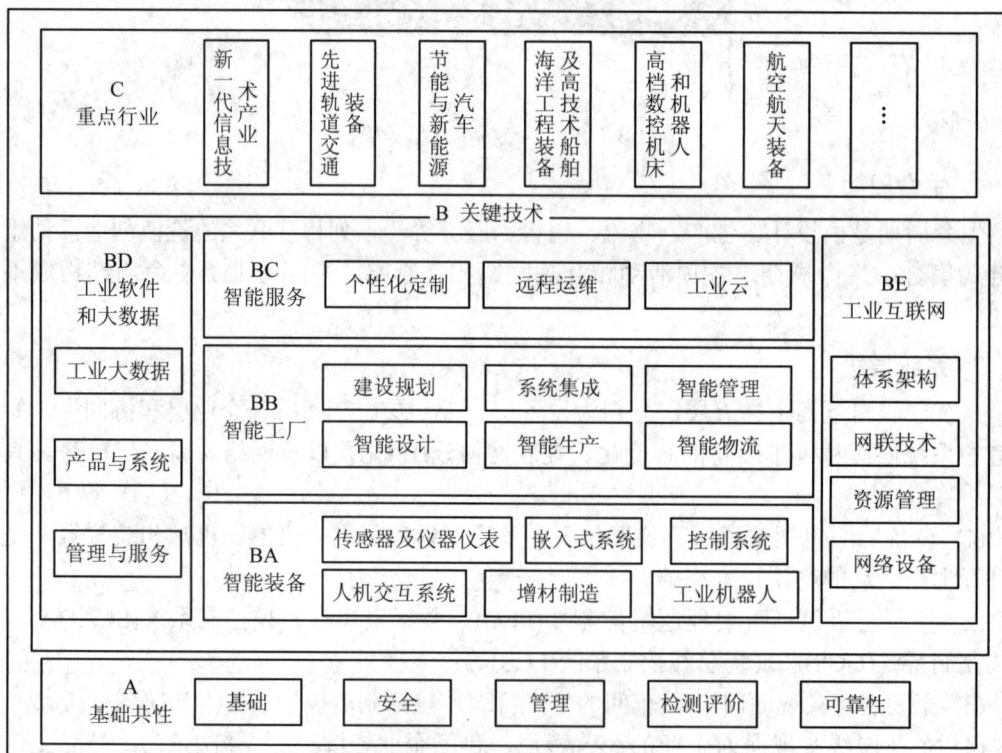

图 1-4　智能制造标准体系结构图

具体而言，A 基础共性标准包括基础、安全、管理、检测评价和可靠性等五大类，位于智能制造标准体系结构图的最底层，其研制的基础共性标准支撑着标准体系结构图上层虚线框内 B 关键技术标准和 C 重点行业标准；BA 智能装备标准位于智能制造标准体系结构图的 B 关键技术标准的最底层，与智能制造实际生产联系最为紧密；在 BA 智能装备标准之上的是 BB 智能工厂标准，是对智能制造装备、软件、数据的综合集成，该标准领域在智能制造标准体系结构图中起着承上启下的作用；BC 智能服务标准位于 B 关键技术标准的顶层，涉及对智能制造新模式和新业态的标准研究；BD 工业软件和大数据标准与BE 工业互联网标准分别位于智能制造标准体系结构图的 B 关键技术标准的最左侧和最右侧，贯穿 B 关键技术标准的其他 3 个领域(BA、BB、BC)，打通物理世界和信息世界，推动生产型制造向服务型制造转型；C 重点行业标准位于智能制造标准体系结构图的最顶层，面向行业具体需求，对 A 基础共性标准和 B 关键技术标准进行细化和落地，指导各行业推进智能制造。

1.3　智能制造技术特征

由智能制造标准体系框架可以看出，智能制造通过把产品、机器、资源和人有机联系在一起，推动各环节数据共享，从而实现产品的全生命周期管理。因此，智能制造是在制造业自动化、智能化、信息化和网络化基础上建立的，是智能硬件(嵌入式技术)、物联网、工业互联网、工业云、大数据和信息网络技术等重要技术在工业生产过程中的应用。

1.3.1　自动化制造

自动化制造包括刚性制造和柔性制造。

1. 刚性制造

"刚性"是指该生产线只生产一种或工艺相近的一类产品。刚性制造包括刚性半自动化单机、刚性自动化单机、刚性自动化生产线三种表现形式。

1) 刚性半自动化单机

刚性半自动化单机是指除上、下料以外，可以自动完成单个工艺过程加工循环的机床。这种机床一般是机械或电液复合控制式的组合机床或专用机床，可以进行多面、多轴、多刀同时加工，加工设备按工件的加工工艺顺序依次排列；切削刀具由人工安装、调整，实行定时强制换刀，如果出现刀具破损、折断，可进行应急换刀；适用于产品品种变化范围和生产批量都较大的制造系统。缺点是调整工作量大，加工质量较差，工人的劳动强度也大。

2) 刚性自动化单机

刚性自动化单机是在刚性半自动化单机的基础上，增加自动上、下料等辅助装置而形成的自动化机床，同样可以完成单个工艺过程的全部加工循环。辅助装置包括自动工件输送、上料、下料、自动夹具、升降装置和转位装置等；切屑处理一般由刮板器和螺旋传送装置完成。这种机床往往需要定做或改装，常用于品种变化很小，但生产批量特别大的场合。主要特点是投资少、见效快，是大量生产最常见的加工装备。

3) 刚性自动化生产线

刚性自动化生产线是用工件输送系统将各种自动化加工设备和辅助设备按一定的顺序连接起来，在控制系统的作用下完成单个零件加工的复杂大系统。刚性自动化生产线是一种多工位生产过程，被加工零件以一定的节奏、顺序通过各个工作位置，自动完成零件预定的全部加工过程和部分检测过程。相比于刚性自动化单机，它的结构复杂，任务完成的工序多，因而生产效率也很高，是少品种、大量生产必不可少的加工装备。除此之外，刚性自动生产线还具备其他优点，包括有效缩短生产周期、取消半成品中间库存、缩短物料流程、减少生产面积、改善劳动条件以及便于管理等。

2．柔性制造

"柔性"是指生产组织形式、生产产品及生产工艺的多样性和可变性，具体表现为机床的柔性、产品的柔性、加工的柔性以及批量的柔性等。依据自动化制造系统的生产能力和智能程度，柔性制造可分为柔性制造单元(FMC)、柔性制造系统(FMS)、柔性制造线(FML)、柔性装配线(FAL)、计算机集成制造系统(CIMS)等。

1) 柔性制造单元(FMC)

柔性制造单元(Flexible Manufacturing Cell, FMC)由单台数控机床、加工中心、工件自动输送及更换系统等组成，是实现单工序加工的可变加工单元。柔性制造单元内的机床在工艺能力上通常是相互补充的，可混流加工不同的零件。单元对外设有接口，可与其他单元组成柔性制造系统。

FMC 控制系统一般分二级，分别是设备控制级和单元控制级。设备控制级是针对机器人、机床、坐标测量机、传送装置等各种设备的单机控制，向上与单元控制系统用接口连接，向下与设备连接；单元控制级能够指挥和协调单元中各设备的活动，处理由物料储运系统交来的零件托盘，同时，通过控制工件调整、零件夹紧、切削加工、切屑清除、加工过程中检验、卸下工件以及清洗工件等功能，调度设备控制级的各子系统。

2) 柔性制造系统(FMS)

柔性制造系统(Flexible Manufacturing System, FMS)由两台或两台以上加工中心或数控机床组成，并在加工自动化的基础上，实现了物料流和信息流的自动化，其基本组成部分包括自动化加工设备、工件储运系统、刀具储运系统、多层计算机控制系统等。

3) 柔性制造线(FML)

柔性制造线(Flexible Manufacturing Line, FML)由自动化加工设备、工件输送系统和控制系统等组成，主要适用于品种变化不大的中批和大批量生产。线上的机床以多轴主轴箱的换箱式和转塔式加工中心为主，工件变换以后，各机床的主轴箱可自动更换，同时调入相应的数控程序，生产节拍也会作出相应调整。

柔性制造线具有刚性自动线的绝大部分优点，且当批量不大时，生产成本比刚性自动线低，当品种改变时，系统所需的调整时间又比刚性自动线少，但建立的总费用却比刚性自动线高。因此为节省投资，提高系统运行效率，柔性制造线经常采用刚柔结合的形式，即生产线的一部分设备采用刚性专用设备(主要是组合机床)，另一部分采用换箱或换刀式的柔性加工机床。

4) 柔性装配线(FAL)

柔性装配线(Flexible Assembly Line, FAL)通常由以下几部分组成:

- ◇ 装配站:既包括可编程的装配机器人,也包括不可编程的自动装配装置及人工装配工位。
- ◇ 物料输送装置:根据装配工艺流程,为装配线提供各种装配零件,使不同的零件与已装配的半成品合理地在各装配点间流动,同时还能将成品部件(或产品)运离现场。
- ◇ 控制系统:对全线进行调度和监控,控制物料流向、装配站和装配机器人。

5) 计算机集成制造系统(CIMS)

计算机集成制造系统(Computer Integrated Manufacturing System, CIMS)是一种集市场分析、产品设计、加工制造、经营管理、售后服务于一体,借助于计算机的控制与信息处理功能,使企业运作的信息流、物质流、价值流和人力资源有机融合,实现产品快速更新、生产率大幅提高、质量稳定、资金有效利用、损耗降低、人员合理配置、市场快速反馈和服务良好的全新企业生产模式。

CIMS 的功能构成包括:对生产计划、材料采购、仓储和运输、资金和财务以及人力资源进行合理配置和有效协调的管理功能;运用 CAD、CAE、CAPP(计算机辅助工艺编制)、NCP(数控程序编制)等技术手段实现产品设计、工艺设计的设计功能;按工艺要求,自动组织协调生产设备(CNC、FMC、FMS、FAL、机器人等)、储运设备和辅助设备(送料、排屑、清洗等设备)完成制造过程的制造功能;运用 CAQ(计算机辅助质量管理)来实现对生产过程质量的管理与保证,在软件上形成质量管理体系,在硬件上参与测试与监控生产过程的质量控制功能。此外,CIMS 还能够与客户建立网络沟通渠道,实现自动订货、服务反馈、外协合作等网络集成控制功能。

CIMS 是传统制造技术、自动化技术、信息技术、管理科学、网络技术、系统工程技术综合应用的产物,是复杂而庞大的系统工程。CIMS 的主要特征是计算机化、信息化、智能化和高度集成化。目前,各国的 CIMS 都尚处于局部集成的低水平应用阶段,所需突破的关键因素主要有信息集成、过程集成和企业集成等问题。

(1) 信息集成。在设计、管理和加工制造的不同单元间实现信息正确、高效的共享和交换,是改善企业技术和管理水平必须首先解决的问题。解决这一问题首先要建立企业的系统模型,利用模型对企业各部分的功能关系、信息关系和动态关系进行科学的分析和综合,理顺企业的物质流、信息流、价值流与决策流之间的关系,这是企业信息集成的基础;其次,由于系统中包含了不同的操作系统、控制系统、数据库和应用软件,且各系统间可能使用不同的通信协议,因此信息集成还要处理好信息间的接口问题。

(2) 过程集成。企业为了实现 T(效率)、Q(质量)、C(成本)、S(服务)、E(环境)等目标的提升,除信息集成这一手段外,还必须处理好过程间的优化与协调。过程集成要求将产品开发、工艺设计、生产制造、供应销售中的各串行过程尽量转变为并行过程,如在产品设计时,就考虑到下游工作中的可制造性、可装配性、可维护性,并预见产品的质量与售后服务的内容等。过程集成还包括快速反应和动态调整,即当某一过程出现未预见的偏差时,相关过程会及时调整规划和方案。

(3) 企业集成。CIMS 的全球化目标是充分利用全球的物质资源、信息资源、技术资源、制造资源、人才资源和用户资源，满足以人为核心的智能化和以用户为中心的产品柔性化，而企业集成则是解决相关的资源共享、资源优化、信息服务、虚拟制造、并行工程、网络平台等方面问题的关键技术方案。

1.3.2 智能化制造——工业机器人

智能制造离不开智能装备，而在未来，智能装备中应用得最广泛的即为工业智能机器人。1987年，国际标准化组织对工业机器人进行了定义："工业机器人是一种具有自动控制的操作和移动功能，能完成各种作业的可编程操作机。"

综合来说，工业机器人是面向工业领域的多关节机械手或多自由度的机器装置，由机械本体、控制器、伺服驱动系统和检测传感装置构成，它能自动执行工作，靠自身的动力和控制能力实现各种设定的功能，它是综合了计算机、控制论、机构学、信息和传感技术、人工智能、仿生学等多学科而形成的高新技术，是当代研究十分活跃、应用日益广泛的领域。工业机器人的应用情况，是一个国家工业自动化水平的重要标志。

根据工业机器人的功能与使用的不同，可将其进行分类，如表1-2所示。

表1-2 机器人类型简介表

分 类	简 要 介 绍
操作型机器人	能自动控制，可重复编程，多功能，有数个自由度，可固定或运动
程控型机器人	按预先要求的顺序及条件，依次控制机器人的机械动作
示教再现型机器人	通过引导教会机器人动作，使机器人自动重复进行作业
数控型机器人	不必使机器人动作，通过数值、语言对机器人进行示教，使机器人作业
感觉控制型机器人	利用传感器获取的信息控制机器人的动作
适应控制型机器人	机器人能适应环境的变化，控制其自身的行动
学习控制型机器人	机器人能"体会"工作的经验，具有一定的学习能力，并将所学用于工作
智能机器人	以人工智能决定其行动的机器人

工业机器人具有4个显著特点：

(1) 可自我再编程。生产自动化的进一步发展就是集成化、柔性化。而工业机器人可随作业任务变化进行自我再编程，因此能在小批量、多品种且具有均衡高效率的柔性制造过程中发挥很好的功用，是柔性制造系统中的一个重要组成部分。

(2) 拟人化。工业机器人在机械上有类似人的大臂、小臂、腿脚、手腕等结构，在控制上有类似人类大脑的电脑。此外，智能化工业机器人还有许多类似人类的"生物传感器"，如皮肤型接触传感器、力传感器、负载传感器、视觉传感器、声觉传感器、语言功能模块等。传感器提高了工业机器人对周围环境的自适应能力。

(3) 通用性。除专门设计的特种工业机器人外，一般的工业机器人具有较好的通用性。如更换工业机器人手部末端操作器(手爪、工具等)便可执行不同的作业任务。

(4) 机电一体化。工业机器人技术涉及的学科广泛，但归结起来主要是机械运动学和微电子学的结合。智能机器人不仅具有获取外部环境信息的各种传感器，还具备记忆能力、语言理解能力、图像识别能力、推理判断能力等人工智能，这些都与微电子技术特别是计算机技术的应用密切相关。因此，机器人技术的发展必将带动其他技术的发展，机器人技术的发展应用水平也可以验证一个国家科学技术和工业技术的发展水平。

我国工业机器人起步于 1970 年，大致经历了萌芽期、开发期、适用期 3 个阶段。虽然我国的工业机器人产业在不断进步中，但和国际同行相比，差距依旧明显，市场占有率更是无法相提并论。工业机器人的很多核心技术，我们当前尚未掌握，这是制约我国机器人产业发展的一个重要瓶颈。

随着人工成本的不断上涨，工业机器人正逐步走进公众视野。中国产业洞察网分析师李强认为：人口红利的持续消退，给中国的机器人产业带来了重大的发展机遇；在国家政策的支持下，产业有望迎来爆发期。

1.3.3　网络化制造——物联网

物联网(Internet of Things，IOT)是智能制造的一个重要领域。所谓物联网，是指利用局部网络或互联网等通信技术，把传感器、控制器、机器、人员和物等通过新的方式相互联结在一起，实现信息化、远程管理控制和智能化的网络，如图 1-5 所示。简言之，就是物物相连的互联网。物联网是互联网的延伸与拓展，它拥有互联网上所有的资源，并且，物联网中所有的元素(包括设备、资源及通信等)都是个性化和私有化的。

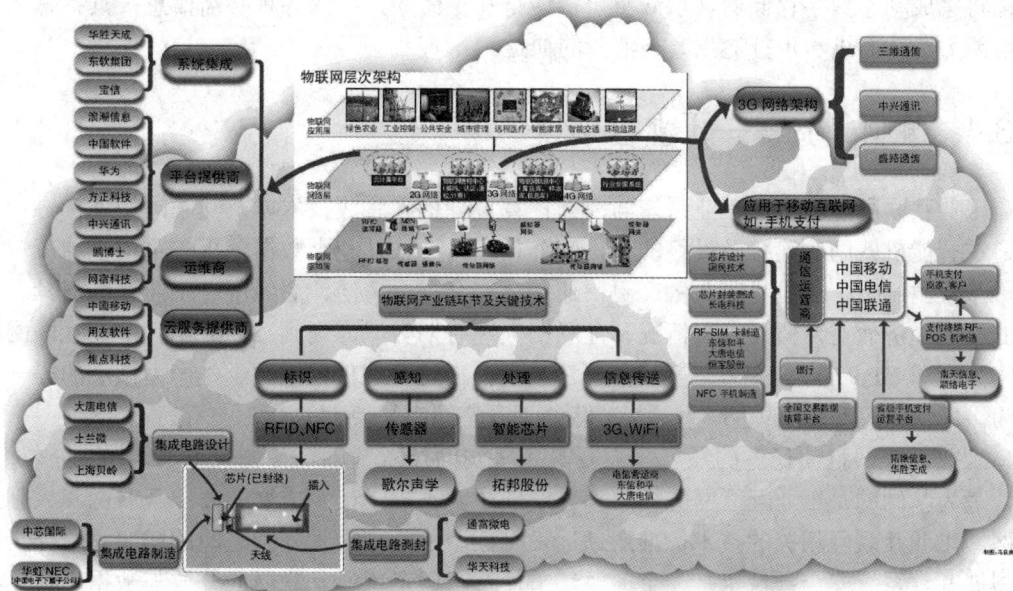

图 1-5　物联网示意图

物联网以智能感知、识别与计算机计算等通信感知技术为主要形式，广泛应用于网络融合中，是新一代信息技术的重要组成部分，也是信息化时代的重要发展阶段，被称为继计算机、互联网之后世界信息产业发展的第三次浪潮。物联网作为互联网应用的拓展，与其说是一种网络，不如说是一系列业务和应用的集合。因此，应用创新是物联网发展的核心，而以用户体验为核心的创新 2.0 则是物联网发展的灵魂。

物联网应用中的关键技术有三项：

(1) 传感器技术。传感器技术是计算机应用中的关键技术。因为到目前为止绝大部分计算机处理的都是数字信号，必须用传感器把模拟信号转换成数字信号，计算机才能处理。

(2) 射频识别技术。射频识别技术也是一种传感器技术，它融合无线射频技术和嵌入式技术于一体，在自动识别、物品物流管理方面有着广阔的应用前景。

(3) 嵌入式系统技术。嵌入式系统技术是一种综合了计算机软硬件、传感器技术、集成电路技术、电子应用技术的复杂技术。经过几十年的发展，以嵌入式系统为特征的智能终端产品已经随处可见，小到人们身边的触屏手机，大到航空航天的卫星系统。嵌入式系统正在改变着人们的生活，推动着工业及国防的发展。

如果把物联网比喻为人体，传感器相当于人的眼睛、鼻子、皮肤等感官，网络是用来传递信息的神经系统，嵌入式系统则是人的大脑，负责分类处理接收到的信息。这个比喻形象地阐明了传感器、网络与嵌入式系统三者在物联网中的地位及作用。

物联网用途广泛，遍及智能交通、环境保护、政府工作、公共安全、平安家居、智能消防、工业监测、环境监测等多个领域。它将成为下一个推动世界高速发展的重要生产力，成为继通信网之后的另一个万亿级市场。

在制造业领域，利用物联网可以建立一个涵盖制造全过程的网络，将工厂环境向智能化转换，建设成智能工厂，实现从自动化生产到智能生产的转变升级。生产线上的所有产品都将集成动态数字存储器，承载整个供应链和生命周期中的各种必需信息，具备感知和通信能力，从而进一步打通生产与消费的通道。

1.3.4　协同制造——工业互联网

工业互联网是指全球工业系统与高级计算、分析、感应技术以及互联网的连接融合。它通过智能机器间的连接及最终的人机间连接，结合软件和大数据分析，重构全球工业布局，激发生产力，让世界工业生产更快速、更安全、更清洁、更经济。工业互联网具有空前的巨大经济效益，假设发展情况和互联网大潮时期类似，则到 2030 年，工业互联网革命将为全球 GDP 带来 15 万亿美元的经济收入，而这一切仅仅来源于生产力微小的提升，因为，即使只提升 1% 的生产率，其潜藏的上升空间也是巨大的。

工业互联网持续稳健的发展，需要具备坚实的技术基础，如图 1-6 呈现的那样，其中，最为基础的是工业互联网的标准和系统安全。不同于已经成熟的商业互联网和人际互联网，工业互联网相关的技术标准还远远没有成型，不同技术阵营之间的博弈和争夺仍在激烈展开。系统安全领域也是一个薄弱环节，这阻碍了工业互联网的开放与数据交流。在未来，各国的工业及科研机构仍然需要围绕设计技术标准和建立系统安全共识开展大量的工作，而且是最为基础的技术工作。

工业互联网对现代工业生产有着重大意义，它把"互联网思维"应用到了产品设计、制造、应用和服务的全过程，实现了生产人员、机器和数据的有效连接与融合，从而达到资源配置最优、生产成本最低且产品品质最佳的目的。因此，工业互联网将有可能帮助我们突破过去二三十年来持续困扰西方国家的增长极限，帮助中国找到产业升级和转型的新抓手。

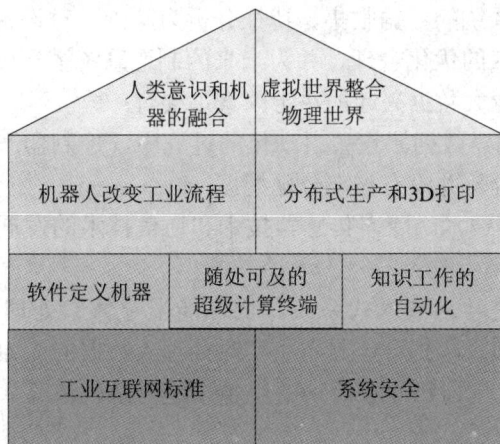

图 1-6　工业互联网的技术要素

1.3.5　预测型制造——工业大数据

未来的工业若要在全球市场中发挥竞争优势，工业大数据分析是关键领域。随着物联网和信息时代的来临，更多的数据被收集、分析，用于帮助管理者做出更明智的决策。智能制造时代的到来使得云计算、大数据不断地融入到我们的生活当中。按《中国制造2025》中第一个十年纲领的规划，未来十年中，中国制造业将以两化融合为主，朝着智能制造方向跨步前行。但无论是智能制造抑或是两化融合，工业大数据都是不可忽视的重点。

工业大数据并不是一种新生事物，而是早已有之，对它的分析应用主要经历了三个发展阶段，如表 1-3 所示。

表 1-3　工业大数据分析及应用的三个阶段

	第一阶段	第二阶段	第三阶段
时间	1990～2000 年	2000～2010 年	2010 至今
核心技术	远程数据监控、数据采集与管理	大数据中心和数据分析软件	数据分析平台与高级数据分析工具
问题对象/价值	以产品为核心的状态监控，通过问题发生后的及时处理，帮助用户避免故障造成的损失	以使用为核心的信息服务，通过及时维修和预测性维护规避故障发生的风险	以用户为中心的平台式服务，实现了以社区为基础的用户主导的服务生态体系
商业模式	产品为主的附加服务	产品租赁体系和长期服务合同	按需的个性化自服务模式，分享经济
代表性企业和技术产品	GM Onstar™，OTIS REM™，GE Medical InSite	GE Aviation On-wing Support™，小松 Komtrax™，阿尔斯通 Track Tracer™，John-Deere FarmSight™	IMS NI LabVIEW based Watchdog Agent®，GE Predix 平台

工业大数据以工业系统的数据收集、特征分析为基础，对设备、装备的质量和生产效率以及产业链进行更有效的优化管理，并为未来的制造系统搭建可靠的环境。作为智能制造的一个重要特征，工业大数据兴起的决定因素主要有：

(1) 隐藏的设备控制器数据。设备自动化的过程中，控制器产生了大量的数据，然而这些数据所蕴藏的信息价值并没有被充分地挖掘。

(2) 廉价的通信传感技术。随着传感器技术和通信技术的发展，获取实时数据的成本已经不再高昂。

(3) 设备运算能力提升。嵌入式系统、低耗能半导体、处理器、云计算等技术的兴起，使得设备的运算能力大幅提升，具备了实时处理大数据的能力。

(4) 优化管理。制造流程和商业活动变得越来越复杂，依靠人的经验和分析已无法满足复杂的管理与协同优化的需求。

目前，工业大数据具有 6 大特征，即 6 "V"。

◇ Volume——量，即非结构化数据的超大规模和快速成长。

◇ Velocity——速度，即实时分析而非批量分析，数据产生于频繁的采集。

◇ Variety——多样性，即大数据的异构化与多样化。

◇ Veracity——真实性，即避免在数据收集和提取中发生数据污染导致虚假信息。

◇ Visibility——可见性，即通过大数据分析使以往不可见的因素和信息变可见。

◇ Value——价值，即通过大数据分析得到的信息应该被转换成价值。

前 4 个 V 表征了大数据的现象，是工业两化融合发展到一定阶段的必然，后 2 个 V 则代表了工业界对大数据赋予的目的与意义。

与工业大数据兴起的决定因素相对应，当下工业环境中大数据的价值具体表现为：首先，通过挖掘数据，使原本隐形的问题变得显性，进而使不可见的风险得以规避；其次，大数据与先进的分析工具相结合可以实现产品的智能化升级，利用数据挖掘产生的信息，可以为客户提供全产品生命周期的增值服务；最后，通过数据能够找到用户价值的缺口，从而开拓新的商业模式。

工业大数据的分析形式主要有三种：

(1) 描述(Descriptive)：基于统计分析，描述数据所反映的现象与客观规律。

(2) 规定(Prescriptive)：利用历史数据，建立分析模型、规范的分析流程及数据到信息的输入输出关系，实现对连续数据流的事实分析。

(3) 预测(Predictive)：通过对数据的深层次挖掘，建立预测模型，实现对不可见因素当前及未来状态的预测。

1.4　中国智能制造之路

制造业是国民经济的主体，是立国之本、强国之基。世界大国兴衰史和中华民族奋斗史一再证明，没有强大的制造业，就没有国家和民族的强盛。打造具有国际竞争力的制造业，是我国提升综合国力、建设世界强国的必由之路。

面对新一轮科技革命和产业变革，《中国制造 2025》(图 1-7)立足我国转变经济发展方式的实际的需要，围绕创新驱动、智能转型、强化基础、绿色发展、人才为本等关键环节以及先进制造、高端装备等重点领域，提出了加快制造业转型升级、提质增效的重大战略任务，同时出台了一系列相应的政策举措，力争到 2025 年，实现从制造大国迈入制造强国行列的宏伟目标。

图 1-7　中国制造 2025

从中国制造到中国"智造"，是中国制造业发展模式的一次重大转变，不仅需要技术革新的推动，更需要生产管理模式的调整和国家体制改革的配合。

1.4.1　技术创新

实现制造强国的战略目标，必须坚持问题导向，统筹谋划，突出重点；加快制造业转型升级，全面提高制造业的创新能力和核心竞争力。完善以企业为主体、市场为导向、政产学研用相结合的制造业创新体系，具体可从以下几方面发力。

1. 加强关键核心技术研发

瞄准国家重大战略需求和未来产业发展制高点，定期研究、制定并发布制造业重点领域技术创新路线图；继续抓紧实施国家科技重大专项，通过国家科技计划(专项、基金等)支持关键核心技术研发；发挥行业骨干企业的主导作用和高等院校、科研院所的基础作用，建立一批产业创新联盟，开展政产学研用协同创新，攻克一批对产业竞争力和整体提升力具有全局性影响、带动性强的关键共性技术。

2. 提高创新设计能力

在传统制造业、战略性新兴产业、现代服务业等重点领域开展创新设计示范，全面推广以绿色、智能、协同为特征的应用的先进设计技术。建设若干具有世界影响力的创新设计集群，培育一批专业化、开放型的工业设计企业，鼓励代工企业建立研究设计中心，向代设计和出口自主品牌产品转变。发展各类创新设计教育，设立国家工业设计奖，激发全社会创新设计的积极性和主动性。

3. 推进科技成果产业化

可以采用以下措施来推进：一是完善科技成果转化运行机制，研究制定促进科技成果转化和产业化的指导意见，建立完善科技成果信息发布和共享平台，健全以技术交易市场为核心的技术转移和产业化服务体系。二是完善科技成果转化激励机制，推动事业单位科技成果使用、处置和收益管理改革，健全科技成果科学评估和市场定价机制。三是完善科技成果转化协同推进机制，引导政产学研用按照市场和创新规律加强合作，鼓励企业和社会资本建立一批从事技术集成、熟化和工程化的中试基地。四是加快国防科技成果转化和产业化进程，推进军民技术双向转移转化。

1.4.2 精益生产管理

精益生产管理，是一种以客户需求为动力，以消灭浪费和不断改善管理为核心的生产管理模式，其目标是让企业以最少的投入获得最显著的运作效益提升。精益生产管理改变了质量管控方式，减少了生产过程缓冲环节，实现了相关环节的自动化控制，具有组织结构精益化的重大优势，是智能制造的基石。

精益生产以是否增值为标准，将企业生产活动划分为"增值活动""不增值尚难以消除的活动"以及"不增值可立即消除的活动"三类。精益生产将所有的非增值活动视为浪费，并明确生产中的几种浪费现象，要求企业生产活动必须消除这些现象。长期以来人们只重视增值活动的效率改善，但研究表明，物资从进厂到出厂，只有 10%的时间是增值的，而精益生产致力于将提高效率的着眼点转移到占 90%时间的非增值活动上去，挖掘非增值活动的潜力。

精益生产提出产品价值由顾客确定，而顾客是企业实现价值的源头。因此，精益生产必须从顾客角度审视企业的产品设计和生产经营过程，识别价值流中的增值活动和各种浪费。企业应削减产品上顾客不需要的多余功能和非增值活动，实现顾客需求的最有效满足，不将额外的支出转嫁到顾客身上。

精益生产管理具有以下几个特点：

(1) 拉动式准时化生产。即以用户最终的需求为生产起点，强调零库存，要求上一道工序加工完的零件立即可以进入下一道工序。精益生产依靠一种称为"看板"的形式组织生产线，即由看板传递下道工序向上道工序需求的信息。生产中的节拍可由人工干预控制，但需重点保证生产中的韧流平衡(对于每一道工序来说，保证对后道工序供应的准时化)。由于采用拉动式生产，在形式上不采用集中计划，生产中的计划与调度实质上是由各生产单元自己完成的，这样一来操作过程中生产单元之间的协调就显得极为重要。

(2) 全面质量管理。重视培养每位员工的质量意识，强调质量是生产出来而非检验出来的，在每道工序进行中都注意质量的检测与控制，确保质量问题能够被及时发现。如果在生产过程中发现质量问题，根据情况可以立即停产，并组织相关的技术和生产人员建立质量问题小组，尽快协作解决。

(3) 团队工作法。即每位员工在工作中不单只会执行上级的命令，更重要的是可以积极参与决策与辅助决策。原则上，并不完全按行政组织而是主要根据业务关系组织团队。团队成员强调一专多能，要求比较熟悉团队内其他成员的工作，以保证工作协调顺利地进行。团队工作的基本氛围是信任，成员工作业绩的评定受团队内部的评价影响，以一种长期的监督控制为主而避免对每一步工作的稽核，以提高工作效率。团队的组织是变动的，针对不同的事物会建立不同的团队，同一个人也可能属于不同的团队。

(4) 并行工程。并行工程是集成地/并行地设计产品及其相关过程(包括制造过程和支持过程)的系统方法。在产品设计开发期,负责人就要考虑产品整个生命周期中从概念形成到产品报废的多种因素,并组织多种职能协同工作的项目组,使相关人员从一开始就获得对新产品需求的要求和信息,积极研究设计本小组的工作业务。进程中小组成员各自执行分包工作,但可以借助适当的信息系统工具,定期或随时反馈信息,协调整个项目的进行;同时利用现代 CIM 技术,在产品的研制与开发期间实现项目进程的并行。

1.4.3 体制改革

制造业的信息化,不仅改造制造业,也对政府服务体制提出了全新的要求。信息化和工业化的结合将产生大量的个性化产品与服务需求,传统的管理方式将会受到冲击。制造业的智能化升级,需要智能化的政府服务。

政府管理体制改革进程中,需要围绕重点行业转型升级的要求以及新一代数字信息技术、新材料、智能制造等领域发展的需要,制定完善的制度、服务与管理标准。其中,尤为重要的是以下几点。

1.完善国家制造业创新体系

加强顶层设计,加快建立以"工业技术研究基地"为核心载体、以公共服务平台和工程数据中心为重要支撑的制造业创新网络,建立市场化的创新方向选择机制和鼓励创新的风险分担、利益共享机制。充分利用现有科技资源,围绕制造业重大共性需求,采取政府与社会合作、政产学研用产业创新战略联盟等新机制新模式,形成一批制造业"工业技术研究基地",开展关键、共性、重大技术研究和产业化应用示范。建设一批促进制造业协同创新的公共服务平台,规范服务标准,开展技术研发、检验检测、技术评价与交易、质量认证、人才培训等专业化服务,促进科技成果转化和推广应用。建设重点领域制造业工程数据中心,为企业提供创新知识和工程数据的开放共享服务。面向制造业关键共性技术,建设一批重大科学研究和实验设施,提高核心企业系统集成能力,促进价值链向高端延伸。

2.强化知识产权运用

加强制造业重点领域关键核心技术知识产权储备,构建产业化导向的专利组合和战略布局。鼓励和支持企业运用知识产权参与市场竞争,培育一批具备知识产权综合实力的优势企业,支持组建知识产权联盟,推动市场主体开展知识产权协同运用。稳妥推进国防知识产权解密和市场化应用。建立健全知识产权评议机制,鼓励和支持行业骨干企业与专业机构在重点领域合作开展专利评估、收购、运营、风险预警与应对。构建知识产权综合运用公共服务平台。鼓励开展跨国知识产权许可。研究制定降低中小企业知识产权申请、保护及维权成本的政策措施。

3.创新企业管理模式

中国"制造",企业是主体,当下中国企业的管理模式迫切需要创新。要实现中国制造的转型,不仅要学习西方先进的管理模式,更要创新适合中国国情的管理模式。只有寻找到与转型期相匹配的管理模式,才能重塑企业竞争力,真正实现中国制造的华丽转身。

小　结

通过本章的学习，读者应当了解：

(1) 制造业已经历了机械化制造、电气化制造、自动化制造阶段，并将朝着智能化、个性化制造的方向发展。

(2) 随着智能制造技术的普及，其带来的优势愈发明显，在不远的将来，智能制造将成为下一代制造业的重要生产模式。

(3) 智能制造源于人工智能，是一种由智能机器和人类专家共同组成的人机一体化智能系统。

(4) 智能制造包括智能制造技术与智能制造系统。

(5) 智能制造系统是一种由智能制造单元组成的、在制造活动全过程中表现出相当智能行为的制造系统。

(6) 智能制造技术是指利用计算机，模拟制造专家的分析、判断、推理、构思和决策等智能活动的一种技术。

(7) 智能制造是信息物理系统与制造技术、物流技术、物联网、互联网、大数据等多门学科知识成果的融合。

练　习

1. 智能制造是一种由_____和_____共同组成的人机一体化智能系统，它在制造过程中进行诸如____、____、____、____和____等智能活动，它更新了自动化制造的概念，将其扩展到_____、_____和_____。

2. 智能制造主要有三种表现形式，分别是_____、_____、_____。

3. 精益生产管理，是一种以_____为拉动，以_____为核心，使企业以最少的投入成本获得显著效益的一种全新的生产管理模式。

4. 写出智能制造技术的体系结构。

第 2 章　智能制造系统

本章目标

- 了解智能制造系统的架构和各层构成

- 掌握产品全生命周期管理系统的概念、特征、功能

- 了解三维可视化管理的概念、作用和优势

- 了解虚拟仿真技术的概念和特性

- 熟悉智能制造系统需要管理的数据类型

- 熟悉智能生产执行系统的流程与优势

- 掌握信息物理系统的定义、特征、结构体系

从系统的功能角度，智能制造系统可以看作若干复杂相关子系统的一个整体集成，包括产品全生命周期管理系统、生产执行系统 MES(也被称作制造执行系统)、过程控制系统、管理信息系统 ERP 以及将各子系统无缝衔接起来的信息物理系统 CPS 等。本章将分别讲解这几个系统的内容。

2.1 智能制造系统架构

如图 2-1 所示，智能制造系统的整体架构可分为五层。上文所说的几种子系统，贯穿在这五层中，帮助企业实现各个层次的最优管理。

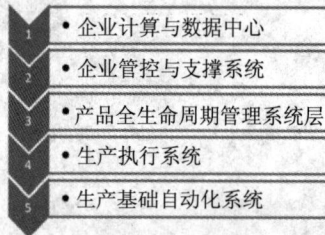

1. 企业计算与数据中心
2. 企业管控与支撑系统
3. 产品全生命周期管理系统层
4. 生产执行系统
5. 生产基础自动化系统

图 2-1　智能制造系统架构

各层的具体构成如下：

1) 生产基础自动化系统层

其主要包括生产现场设备及其控制系统。其中生产现场设备主要包括传感器、智能仪表、可编程逻辑控制器 PLC、机器人、机床、检测设备、物流设备等。控制系统主要包括适用于流程制造的过程控制系统、适用于离散制造的单元控制系统和适用于运动控制的数据采集与监控系统。

2) 生产执行系统层

其包括不同的子系统功能模块(计算机软件模块)，典型的子系统有制造数据管理系统、计划排程管理系统、生产调度管理系统、库存管理系统、质量管理系统、人力资源管理系统、设备管理系统、工具工装管理系统、采购管理系统、成本管理系统、项目看板管理系统、生产过程控制系统、底层数据集成分析系统、上层数据集成分解系统等。

3) 产品全生命周期管理系统层

其主要分为研发设计、生产和服务三个环节。研发设计环节主要包括产品设计、工艺仿真和生产仿真。应用仿真模拟现场形成效果反馈，促使产品改进设计，在研发设计环节产生的数字化产品原型是生产环节的输入要素之一；生产环节涵盖了上述生产基础自动化系统层与生产执行系统层的内容；服务环节主要通过网络进行实时监测、远程诊断和远程维护，并对监测数据进行大数据分析，形成和服务有关的决策、指导、诊断和维护工作。

4) 企业管控与支撑系统层

其包括不同的子系统功能模块，典型的子系统有战略管理、投资管理、财务管理、人力资源管理、资产管理、物资管理、销售管理、健康安全与环保管理等。

5) 企业计算与数据中心层

其包括网络、数据中心设备、数据存储和管理系统、应用软件等，提供企业实现智能制造所需的计算资源、数据服务及具体的应用功能，并具备可视化的应用界面。企业为识别用户需求而建设的各类平台，包括面向用户的电子商务平台、产品研发设计平台、生产执行系统运行平台、服务平台等。这些平台都需要以该层为基础，方能实现各类应用软件的有序交互工作，从而实现全体子系统信息共享。

2.2　产品全生命周期管理系统

产品全生命周期管理系统(Product Life-cycle Management, PLM)是智能制造系统的一个重要组成部分。它对产品从需求提出至被淘汰的整个过程进行严格的流程控制管理，是对产品生命周期中全部组织、管理行为的综合与优化，它以不断增加个体消费需求为导向，贯穿产品的设计、生产、发展、配送直到最后的回收环节，并包括所有相关服务。主要功能包括产品需求管理、产品论证管理、产品绩效管理、产品关停并转管理、产品 360度分析视图、流程引擎及工作台，如图 2-2 所示。产品全生命周期管理系统的核心是数据，以及对数据进行可视化展示和建模仿真的技术。

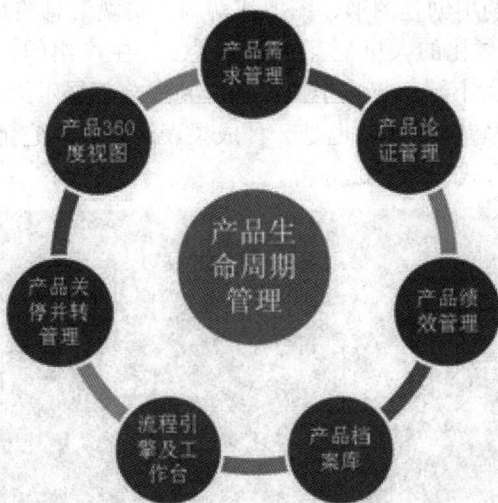

图 2-2　产品生命周期管理

产品全生命周期管理的各项功能具体作用如下：

1) 产品需求管理

设计前期，做好对客户需求的存档归类分析，使产品设计更为合理。

2) 产品论证管理

上线测试产品设计，对于测试不通过的整改再设计，再行测试通过后方可运营。同时按照规范，就资费方案的各个环节与各种变形进行多重叠加综合测试，及时反馈资费设计与实际结果的对比情况，发现设计问题，从而提高设计的准确性，降低市场风险，在整个过程中保证产品的资费准确。

3）产品绩效分析

在运营后对产品进行跟踪，实时了解产品状态，预测产品趋势，定位产品所处生命阶段。对于无效益产品可及时关停或合并，提高企业效益。

4）产品关停并转管理

即产品下线，可以视为该产品的生命结束，但任何一个实例产品的生产运营数据都有其参考价值，可为以后的产品设计提供参考。

5）产品档案库

保存所有已生产产品数据的档案，为后期其他产品的设计上线提供参考。

6）360度视图

产品资费分析的一种，可以给用户提供最好的产品及资费解决方案，同时精准提供最合理的产品推荐，从而提高用户满意度。

7）流程引擎及工作台

整个流程的开关系统，以上流程均需流程引擎来控制。

2.2.1　三维可视化管理

三维可视化技术是指利用创建图形、图像或动画，实现信息的直观交流与沟通的技术和方法。它能够以三维立体化的人机交互界面呈现工厂生产组织，并可随意按照人的意愿，改变其方向、位置、大小等，将整个工厂从里到外全部展示给操作人员（如图 2-3 所示）。三维可视化既是一种解释工具，也是一种成果表达工具，它能够基于数据体的透明属性，采用"走进去"的方式快速完成分析。

图 2-3　可视化加工工厂

利用可视化管理平台，可以将企业资产的三维模型以及信息属性有机地结合起来，通过基于网络的信息处理技术，实现资产运行监视、操作与控制、综合信息分析与智能告警、运行管理和辅助应用等功能整合一体的监控管理，大幅提高企业的资产运营能力。具体来说可以实现以下功能：

1) 可视化企业资产布局全景

三维可视化动态设备管理平台可以对企业智能工厂地形地貌、建筑、车间结构、设施设备等进行三维建模，直观、真实、精确地展示各种设施、设备形状及生产工艺的组织关系，设施、设备的分布和拓扑情况。使用户在电脑上就可以浏览整个企业现场，如同身临其境。同时，系统将装置模型与实时报告、档案信息等基础数据绑定在一起，实现设备在三维场景中的快速定位与基础信息查询。

2) 可视化的安装管理

三维可视化动态设备管理平台可以对在建工程、设备安装等进行三维建模，并把三维场景与计划及实际进度时间相结合，用不同颜色表现每一阶段的安装建设过程。

3) 可视化设备台账管理

三维可视化动态设备管理平台可以建立设备台账及资产数据库，并和三维设备绑定，实现设备台账的可视化及模型和属性数据的互查、双向检索定位，从而实现三维可视化的资产管理，使用户能够快速找到相应的设备，以及查看设备对应的现场位置、所处环境、关联设备、设备参数等真实情况。

4) 可视化智能维护管理

三维可视化动态设备管理平台可以对企业重点设备或生产设施进行在线信息采集、报警、控制等管理。还可以动态地收集和管理相应的数据，保证及时发现设施缺陷或安全隐患。

由此可见，三维可视化技术可以为产品的整个生命周期提供全程的三维可视化管理服务。三维可视化管理可以通过产品生产流程中产生的数据、信息和知识进行可视化集中式管理，为生产运行及设备管理提供一个可视化、高效率的信息沟通和协同合作的环境，并为全生命周期的管理提供基础保障，使得新员工更加容易掌握该工作。

三维可视化技术应用于项目全生命周期管理，拥有不可比拟的优势，包括：

◇　迅速快捷的信号传递；
◇　能够将需要管理的对象及其位置一目了然地呈现出来；
◇　能够很容易地得知问题所在；
◇　可以在远处就能辨认是否存在异常；
◇　操作简单、方便，可以形象、直观地将潜在问题呈现出来；
◇　有助于维护作业环境的整洁，营造员工与客户满意的场所；
◇　客观、公正、透明化，有助于统一认识。

2.2.2　虚拟仿真技术

虚拟仿真技术又称虚拟现实技术或模拟技术，是用虚拟系统模仿真实系统的技术。它是在多媒体技术、计算机仿真技术与网络通信技术等信息技术迅猛发展的基础上，将仿真技术与虚拟现实技术相结合的产物，是一种更高级的仿真技术。

在产品设计时运用虚拟仿真技术，可以给生产者提供三维模型，还可以在虚拟工厂中对自动化设计进行分析和优化。这样不仅节约原材料和资源，还能节省大量时间成本。不管什么样的原型机都可通过虚拟方式进行优化，而无需再实际制造一个，如图 2-4 所示。

图 2-4　仿真模拟示意图

　　在规划生产时同样需要虚拟仿真技术,借助这一技术可以虚拟每台机床的开发过程,甚至还可以实现整套设备的仿真,这将创建一种全新的视角,帮助企业研发产品和改进设备。德国 Index 公司的生产系统正是使用了西门子的仿真软件,效果十分令人惊叹,现实世界通常要花几天时间才可以看到机床能否正常使用,但仿真技术大大节省了机床调试的时间。虚拟机床不仅帮助培训了人员、保护了核心资产,还把运转、操作的生产率提升了 10%。

　　虚拟仿真技术具有以下四个基本特性:

　　1) 沉浸性(Immersion)

　　虚拟仿真系统中,使用者可获得视觉、听觉、嗅觉、触觉、运动感觉等多种知觉,从而获得身临其境的感受。未来的虚拟仿真系统将具备提供人类所有感知信息的功能。

　　2) 交互性(Interaction)

　　虚拟仿真系统中,环境可以作用于人,人也可以对环境进行控制,且人是以近乎自然的行为(自身的语言、肢体的动作等)进行控制的。虚拟环境还能够对人的操作予以实时的反应,例如当飞行员按下导弹发射按钮时,会看见虚拟的导弹发射出去并跟踪虚拟的目标,当导弹碰到目标时会发生爆炸,还能够看到爆炸的碎片和火光。

　　3) 虚幻性(Imagination)

　　即系统中的环境是虚幻的,是由人利用计算机等工具模拟出来的。既可以模拟客观世界中以前存在过的或是现在真实存在的环境,也可模拟出客观世界中当前没有但将来可能出现的环境,还可模拟客观世界中不会存在的、仅仅属于人们幻想的环境。

　　4) 逼真性(Reality)

　　虚拟仿真系统的逼真性表现在两个方面:首先,虚拟环境给人的各种感觉与所模拟的客观世界非常相像,一切感觉都很逼真,如同在真实世界一样;其次,当人以自然的行为作用于虚拟环境时,环境做出的反应也符合客观世界的有关规律。如当给虚幻物体一个作用力,该物体的运动就会符合力学定律,会沿着力的方向产生相应的加速度;当它遇到障碍物时,会被阻挡。

虚拟仿真技术在工业中的应用很多，由于虚拟现实仿真平台具有强大的物理实时计算功能，能够真实模拟场景中各种力的特性，并提供了多种动力学交互手段，能支持多种高速运算的碰撞替代体。因此虚拟仿真系统可以将许多之前仅停留于想法的创意方案完美地呈现于眼前。

2.2.3　数据管理

SAP 高级副总裁科曼(Clas Neumann)曾指出：企业的数据分析就像汽车的后视镜，开车没有后视镜就没有安全感，但更重要的是车前挡风玻璃——对实时数据的精准分析。这句话同样适用于数据与智能制造的关系。

智能制造系统需要管理的数据如下：

1) *产品数据*

为实现产品全生命周期的管理，也为满足个性化的产品需求，产品的各种数据会被记录、传输、处理。首先，内嵌入产品的传感器会获得更多的实时产品数据，使得产品管理能够贯穿产品的需求、设计、生产、营销、售后乃至淘汰报废的全部生命历程；其次，企业和消费者的互动过程及交易行为也将产生大量数据，这些数据能帮助消费者参与到产品需求分析、产品设计以及柔性加工等创新活动中。

2) *运营数据*

传感器的广泛应用，使工业生产过程中的传感、连接无处不在，因而产生大量数据，这些数据能够帮助企业在研发、生产、运营、营销和管理方式上开展创新。首先，产生于生产线、生产设备的数据可用于对设备本身的实时监控；其次，采集和分析采购、仓储、销售、配送等供应链环节上的数据，能够为企业决策提供有效的指导，在大幅提升运营效率的同时降低运营成本；最后，实时分析销售数据与供应链数据的变化，可以动态地调整优化生产节奏及库存规模。

3) *价值链数据*

工业大数据技术的快速发展和广泛应用，使价值链上各环节的数据和信息得以被深入挖掘与分析，从而为企业管理者和参与者提供审视价值链的全新视角，让企业有机会将价值链上的更多环节转化为企业的战略优势。

4) *外部数据*

大数据分析技术在宏观经济分析与行业市场调研中的应用越来越广泛，已成为企业提升管理决策以及市场应变能力的重要手段。少数领先的企业已着手为各个层级员工提供相应信息、技能和工具，引导员工更好、更及时地做出有效决策。

无论是产品数据、运营数据、价值链数据还是外部数据，如果只是将它们收集起来而不作任何分析，那么数据就失去了它的价值。对实时数据进行精准分析，是智能制造时代的生产体系区别于传统工业生产体系的本质特征。在智能制造的时代，制造型企业的数据将呈现爆炸式增长，所有的生产装备、感知设备、应用互联终端，包括生产者本身都在源源不断地产生数据，这些数据经过高效的实时分析，将渗透到企业运营、价值链乃至产品的整个生命周期，铸就智能制造和制造业革命的基石。

2.3 生产执行系统

生产执行系统是构建软硬件一体化系统的重要环节，是一套面向制造企业车间执行层的生产信息化管理系统，采用生产执行系统可以有效地增强企业的核心竞争力。

2.3.1 生产执行系统概述

生产执行系统(Manufacturing Execution System，MES)由美国 AMR 公司(Advanced Manufacturing Research, Inc.)在 90 年代初提出，旨在加强 MRP(物料需求计划)的执行功能，把 MRP 计划与车间作业现场控制设备——PLC 程控器、数据采集器、条形码、各种计量及检测仪器、机械手等通过生产执行系统连接起来，并设置了必要的接口，以期与生产现场控制设备的供应厂商建立合作关系。

美国生产执行系统协会(Manufacturing Execution System Association, MESA)将生产执行系统定义为：能通过信息传递，对从订单下达到产品完成的整个生产过程进行管理优化的系统。当工厂里有事件发生时，生产执行系统能及时作出反应，作出报告并利用准确的实时数据对事件进行指导和处理，这种迅速响应状态变化的能力，使得该系统可以减少生产过程中无附加值的活动，有效地指导工厂的生产运作，从而既提高了工厂的按时交货能力，改善了物料的流通性能，又提高了生产的回报率。

生产执行系统还可以通过双向直接通信，为企业内部和整个产品供应链提供有关产品的关键任务信息。

生产执行系统的主要特征有三：首先，生产执行系统是对整个车间制造过程的优化，而不是单独解决某一生产瓶颈；其次，生产执行系统必须具备实时收集生产过程数据的功能，并作出相应的分析和处理；最后，生产执行系统需要与计划层和控制层进行信息交互，通过企业的连续信息流来实现企业信息的集成。

2.3.2 生产执行系统应用

生产执行系统是一套对生产现场进行综合管理的集成系统，它用集成的思想替代原来的设备管理、质量管理、生产管理、分布式数控(Distributed Numerical Control, DNC)、数据采集软件等车间需要使用的孤立软件系统，在信息化系统中具有承上启下的作用，是一个信息枢纽，强调信息的实时性。

生产执行系统作为连接底层自动化控制系统和上层管理系统的纽带，是构建智能工厂的核心。企业应用生产执行系统的前提是：必须清楚掌握产销流程，提高生产过程的可控性，减少生产线人工干预，及时正确地搜集生产线数据，更加合理地安排生产计划并掌控生产进度，从产品开发、设计、外包、生产到按时交付，整个制造流程中的每个阶段都必须高度的自动化、智能化，并且实现各阶段信息的高度集成化。

生产执行系统在企业中的运用分为 5 个层次：

1) 初始层

及时反馈生产计划完工情况，应用质量管理系统实时把控生产过程中的产品质量，清晰掌握生产任务的详细进度，并对生产关键环节进行追溯管理。

2) 规范层

对设备、人员、能源等进行自动化数据采集；对设备实时状态进行管理，如出现停机等状况立刻向系统反馈；初步优化生产计划并指导生产，实现对生产作业全过程的管理，并建立完善的生产追溯管理体系。

3) 精细层

优化生产计划，同时确立与其他资源的集成关系；实现对技术文件、物料、设备、工艺工装、人员、能源等与生产任务单的集成化管理；建立生产现场多方预警管理机制与电子看板管理体系。

4) 优化层

实现设备与能力计划的部分集成；能自动根据车间员工的资质、生产能力等因素安排生产任务；会对能源使用进行优化，降低能源成本。

5) 智能层

包括应用于自动化生产的各类设备，如数控机床、机器人、自动寻址装置、存储装置、柔性自动装夹具、检具、交换装置及更换装置、接口等；以及应用自动化控制和管理技术，实现生产系统资源和设备动态调度的机制等。

通过生产执行系统来实现企业信息的实时化管理，是提高企业管理水平的关键，而同时，制造单元中的信息集成也为智能生产线的建设提供了良好的基础。

2.3.3　端到端工程

所谓端到端工程(或模式)，就是通过对围绕产品整个生命周期的价值链上不同企业资源的整合，实现从产品设计、生产制造、物流配送、使用维护等在内的整个产品生命周期的管理和服务。通过集成参与产品价值链创造的各供应商、制造商、分销商以及客户信息流、物流和资金流，在为客户提供更有价值的产品和服务的同时，也重构了产业链各环节的价值体系。

在这样的模式下，工厂在自身面对个性化、定制化的订单和新产品快速涌入的同时，生产过程还要实现端对端的子系统配合。这就要求工厂必须非常柔性与灵活，同时又必须保证运营的高效率。

端到端模式的优势如下：

◇ 用户的参与互动，使其成为产品生产的参与者，刺激了其购买的欲望，为企业带来了更多的用户资源；

◇ 先下订单后生产，为企业带来了更好的现金流；

◇ 用户的购买过程将更加简易；

◇ 定制化产品生产完成即发送用户，使制造企业不再有任何库存。

为了更好地支撑该模式，信息必须实现快速、准确、完整地流转。需要柔性的、灵活的能够支撑个性化或小批量多品种的自动化生产系统。现有的制造生产系统若要实现端对端模式生产，需先解决以下问题：

1) 协议标准化

尽管数字化已经极大地提高了企业的生产力和产品质量，但制造业目前仍急需实现各生产流程、现场总线及控制设备的协议标准化。生产系统中的机器、设备和系统的控制元件以及控制器本身之间，需要根据标准协议对生产级(车间级)和控制系统级(管理级)的沟通进行协调，实时交换和共享生产现场的各种信息，优化整体制造流程，提升生产效率。

2) 模块化设计

在市场需求和产品生产的连接过程中，一个重要的问题是生产用户所需产品要进行跨领域协作。市场需求决定了产品和流程的功能越发复杂，但产品的解决方案必须降低产品内部的复杂性。

对一定范围内的具备不同或相同功能、不同性能、不同规格的产品进行功能分析，划分并设计出一系列功能模块，通过选择和组合模块，构成顾客定制的不同产品，是一种实现小批量与高效率有效统一的标准化方法。

3) 建立数据模型

在制造业的很多领域，建立模型是提高流程效率、增加流程质量和安全性的重要方法。但是，目前很多模型只支持特定的流程和工序，不适应跨领域开发或者整个流程链使用的需要。因此，生产执行系统建设的下一个重要任务，就是利用来自产品和生产系统生命周期的数据，为产品开发与生产建立联合数据模型，允许端对端使用数据，并把多个现有模型有机地联系起来。

4) 过程控制系统

过程控制系统以生产现场高度集成的传感器和嵌入式设备为基础，将生产过程中各个环节产生的数据、生产设备的运行状态和参数收集并上传到企业数据中心，通过对这些数据的分析和建模，实现对产品从需求到生产再到销售的整个生产制造流程的监测和控制，优化制造工艺，提高生产效率。不仅如此，工厂、车间的设备传感和控制层产生的生产大数据，还能支撑企业的决策管理，并反过来指导生产。

2.3.4 高度集成化

过程控制系统中，生产线、生产设备都将配备传感器，无处不在的传感器、嵌入式终端系统、智能控制系统以及通信设施通过信息物理系统形成一个智能网络，使人与人、人与机器、机器与机器以及服务与服务之间能够互联互通，从而实现横向、纵向的高度集成，实现数据共享。

1) 横向集成

横向集成是企业之间通过价值链和信息网络所实现的一种资源整合，为实现不同企业间的无缝合作实时提供产品和服务，推动企业间研产供销、经营管理、生产控制、业务与财务全流程的无缝衔接和综合集成，进而实现产品开发、生产制造、经营管理等流程间的信息共享和业务协同。横向集成跳出单个企业的范畴，将集成扩展到不同企业之间。

横向集成通过互联网、物联网、云计算、大数据、移动通信等技术手段，对分布式的智能生产资源进行了高度整合，并可以在网络基础上构建智能工厂或企业间的集成。

2) 纵向集成

纵向集成是指在企业内部实现所有生产、运营环节信息的无缝连接，包括企业内部信息流、资金流和物流的集成。纵向集成是所有生产智能化的基础。

具体来说，纵向集成可以看做是工厂内部传感器、智能机器、工业机器人、智能车间与产品的有机整合，这些硬件及相应的模型、数据、通讯和算法等软件构成了工厂内部的网络化制造体系，以满足个性化产品生产的需求。

2.3.5 实时分析

实时分析就是在设备运行过程中，对实时测量信号处理的时间能够满足动态过程参数分辨需要的分析。实时分析技术的高低，反映了企业利用工业 IT 设施收集、传输和分析处理大数据的能力。通过实时分析技术，不仅工厂与机器设备可以随时分享信息，相互连接的系统还可以独立自我管理。

要达到这一目标，工业制造系统必须对制造设备自身的和产品制造过程中产生的数据进行更深入的分析，这种分析的作用主要体现在三个方面：

1) 生产设备和过程监控

生产所产生的数据经过快速处理、传递，可以使生产过程中的某些因素(如产品故障、配件损耗等)被精确控制，实现对生产本身的实时监控。此外，设备生产过程中利用传感器集中监控所有的生产流程，能够及时发现能耗的异常变化和峰值情况，从而在生产过程中不断实时优化能源消耗，降低生产能耗。

2) 实现自组织生产

通过对生产过程和设备的实时数据进行高速高效的分析和处理，工业机器与设备之间可以轻易地实现信息交换、运转和互相操控，因此，被制造的产品可以与机器设备交流，机器可以自组织生产，智能工厂也能够实现自行运转。

3) 复杂系统研究

制造业领域的数据，主要呈现大体量、多源性、连续采样、价值密度低、动态性强等特点，对其进行分析，使得研究复杂系统的动态行为成为可能。不仅如此，通过对实时数据的分析，可以有效优化生产流程，进行生产计划调度和生产线的质量控制，并提高企业的综合生产指标。

由此可见，整合全部生产线数据，可以对生产动态模型建设、多目标控制流程进行优化，对物料品质、能耗、设备异常和零件生命周期进程进行监控预警，赋予设备和系统"自我意识"，进而实现低成本、高效率的并行生产。

2.3.6 数据运营

数据运营是指数据的所有者通过对数据的分析与挖掘，把隐藏在大量数据中的信息作为商品发布出去，供数据的消费者使用。

在制造企业中，数据不仅来源于生产过程的各个环节，还分布于企业的各个部门。通过整合来自市场、研发、工程、生产部门的数据，可以创建产品全生命周期管理平台，对工业产品的生产进行虚拟模型化，从而优化生产流程。在大数据时代，确保企业内的所有部门以相同的数据协同工作，能够提升组织的运营效率，缩短产品的研发与上市时间。

在企业业务方面，数据运营分为 4 个层次，如图 2-5 所示。

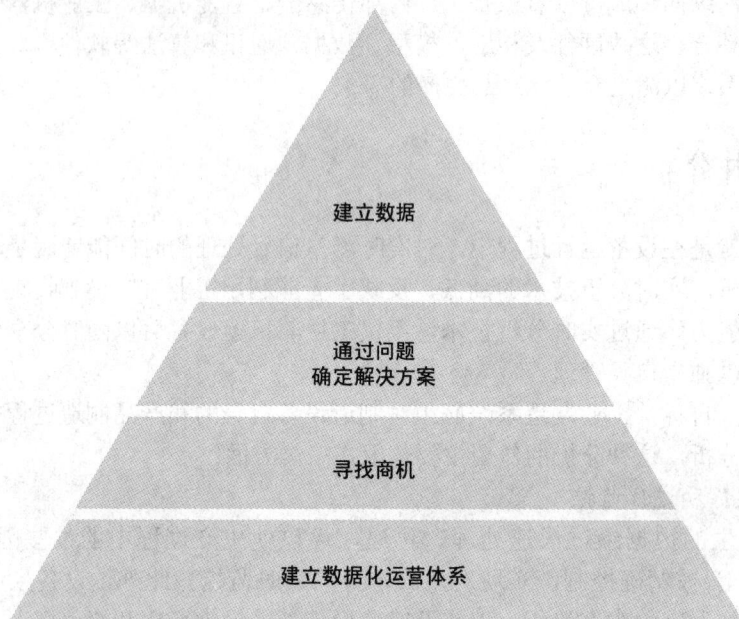

图 2-5　数据分析金字塔

塔内文字（自上而下）：建立数据；通过问题确定解决方案；寻找商机；建立数据化运营体系

1) 建立数据监控体系

通过建立数据监控体系，可以掌握流程中发生了什么，到了什么程度，并可以清楚地知道其原因。由于数据是散的，而零碎的数据很难发挥出真正的价值，因此只有把数据放到一个有效的框架中，数据才能发挥它的整体价值。

2) 通过问题确定解决方案

通过建立数据监控体系，可以找到问题。但数据只是表象，是用来发现或描述问题的，实际操作中解决问题更为重要。而想要真正解决问题，必须懂得数据，并通过数据了解业务，进而确定方案解决问题。

3) 寻找商机

利用数据可以帮助企业发现商机。以淘宝的中老年服装细分市场模块为例，淘宝中老年服装有大码女装市场，通过比较该市场的出货量或用户搜索关键词与实际的成交数据，能发现有许多需求没有得到很好地满足，反映出存在需求旺盛但供给不足的状况。假如发现这样的细分市场，并公布给行业小二与卖家，就能更好地了解并满足消费者的需求。

4) 建立数据化运营体系

数据可以作为间接生产力，也可以作为直接生产力。间接生产力指的是数据工作者将数据价值通过运营传递给消费者；直接生产力也叫做数据变现，指的是数据工作者将数据价值直接透过前台产品出售给消费者。随着大数据的应用越来越广泛，企业管理层也越来越重视数据变现，大数据时代的到来造就了许多的机会，数据利用也将产生更多的价值。

2.4　信息物理系统(CPS)

信息物理系统(Cyber Physical System, CPS)是物联网的升级和发展, CPS 中所有的网络节点、计算、通信模块和人自身都是系统中的一分子, 如图 2-6 所示。

智能制造系统中的各子系统正是借助 CPS, 才能摆脱信息孤岛的状态, 实现系统之间的连接和沟通。CPS 能够经由通信网络, 对局部物理世界发生的感知和操纵进行可靠、实时、高效的观察与控制, 从而实现大规模实体控制和全局优化控制, 实现资源的协调分配与动态组织。

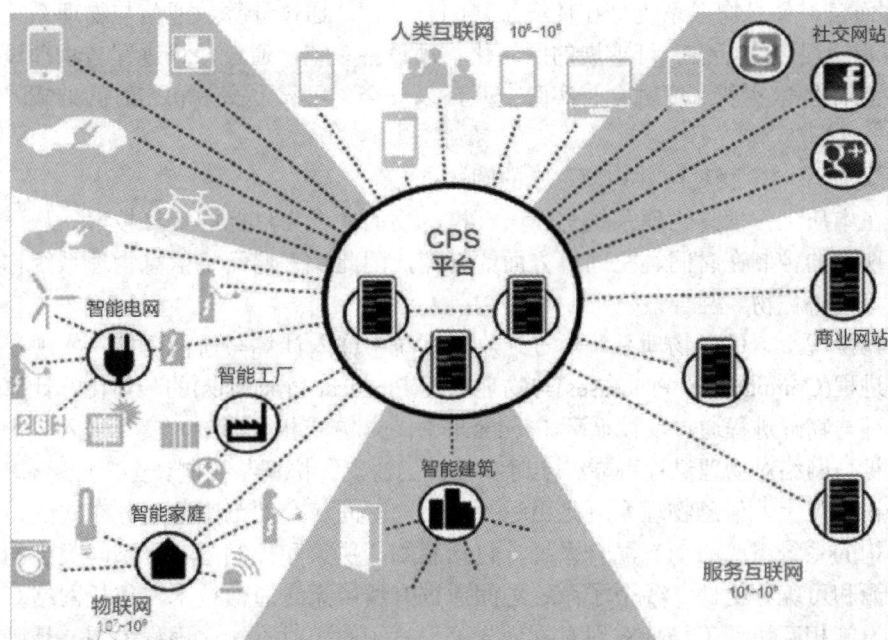

图 2-6　物理信息系统平台

2.4.1　定　义

信息物理系统是将虚拟世界与物理资源紧密结合与协调的产物。它强调物理世界与感知世界的交互, 能自主感知物理世界状态、自主连接信息与物理世界对象、形成控制策略, 实现虚拟信息世界和实际物理世界的互联、互感及高度协同。

信息物理系统是融合了计算(Computation)、通信(Communication)与控制(Control)技术(又叫做 3C 技术, 如图 2-7 所示)的智能化系统, 它从实体空间的对象、环境、活动中进行大数据的采集、存储、建模、分析、挖掘、评估、预测、优化、协同, 并与对象的设计、测试和运行性能表征深度有机融合, 是实时交互、相互耦合、相互更新的网络空间(包括机理空间、环境空间与群体空间), 进而通过自感知、自记忆、自认知、自决策、自重构和智能支持, 促进工业资产的全面智能化。

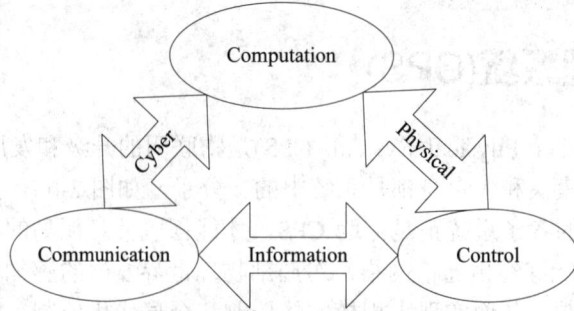

图 2-7　3C 技术示意图

具体而言，信息物理系统是在环境感知的基础上，通过计算、通信与物理系统的一体化设计，形成可控、可信、可扩展的网络化物理设备系统，通过计算进程与物理设备相互影响的反馈循环来实现深度融合与实时交互，以安全、可靠、高效和实时的方式，监测或者控制一个物理实体。

下面是从不同角度对信息物理系统的阐述：

◇ 在本质上，信息物理系统是以人、机、物的融合为目标的计算技术，从而实现人的控制在时间、空间等方面的延伸，因此，人们又将信息物理系统称为"人-机-物"融合系统。

◇ 在微观上，信息物理系统通过在物理系统中嵌入计算与通信内核，实现计算进程(Computation Processes)与物理进程(Physical Processes)的一体化。计算进程与物理进程通过反馈循环(Feedback Loops)方式相互影响，实现嵌入式计算机与网络对物理进程可靠、实时和高效的监测、协调与控制。

◇ 在宏观上，信息物理系统是由运行在不同时间和空间范围的、分布式的、异构的系统组成的动态混合系统，包括感知、决策和控制等各种不同类型的资源和可编程组件。各个子系统之间通过有线或无线通信技术，依托网络基础设施相互协调工作，实现对物理与工程系统的实时感知、远程协调、精确与动态控制和信息服务。

2.4.2　结构体系

CPS 体系结构的一般形式如图 2-8 所示，它由决策层、网络层和物理层组成。决策层通过语义逻辑计算，实现用户、感知和控制系统之间的逻辑耦合；网络层通过网络传输计算，连接 CPS 在不同空间与时间的子系统；物理层体现的是感知与控制计算，是 CPS 与物理世界的接口。

众所周知，自然界中的各种物理量的变化绝大多数是连续的，或者说是模拟的，而信息空间则是数字的，充斥着大量离散量。从物理空间到信息空间的信息流动，首先必须通过各种类型的传感器将各种物理量转变成模拟量，再通过模拟数字转化器变成数字量，从而为信息空间所接受。因此，从这个意义上说，传感器网络也可视为 CPS 中的一个重要的组成部分。

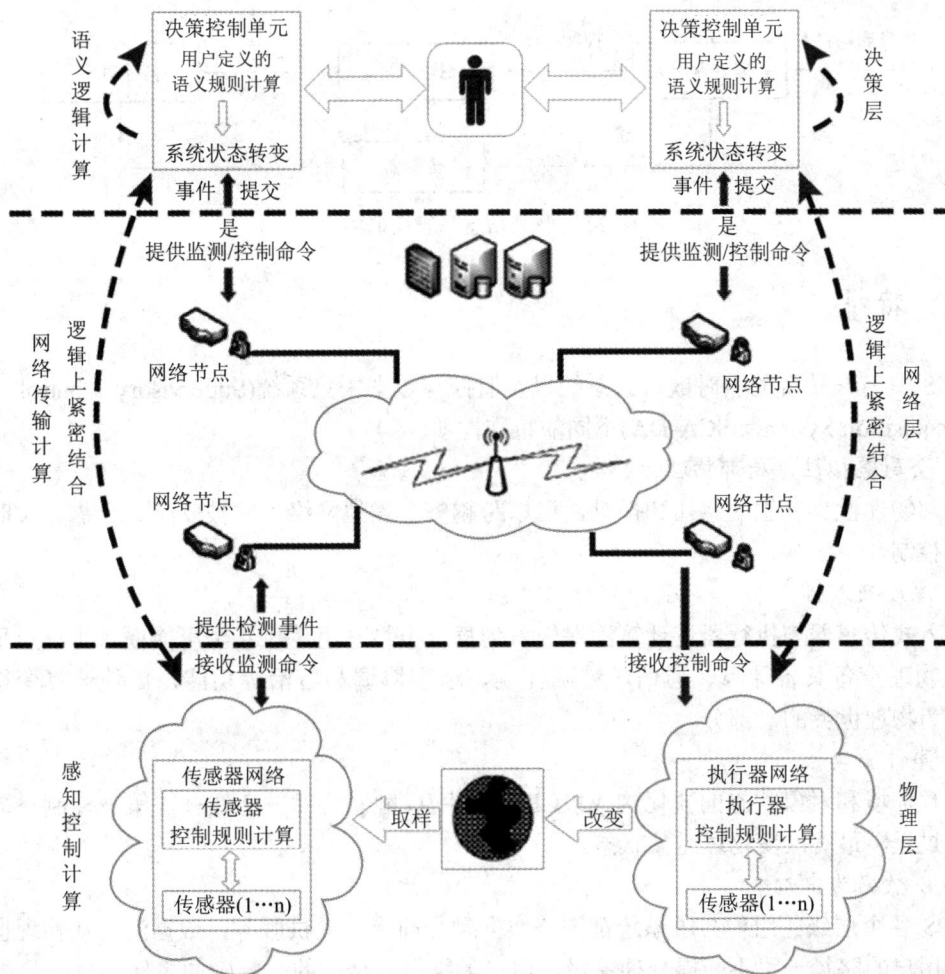

图 2-8　物理信息系统结构体系

在现实环境中，大量的传感器以无线通信方式自组织成网络，协同完成对物理环境或物理对象的监测感知，传感器网络对感知数据做进一步的数据融合处理，并将得到的信息通过网络基础设施传递给决策控制单元，决策控制单元与执行器通过网络分别实现协同决策与协同控制。

CPS 的基本组件包括传感器(Sensor)、执行器(Actuator)和决策控制单元(Decision-making Control Unit)。其中，传感器和执行器是一种嵌入式设备，传感器能够监测、感知外界的信号、物理条件(如光、热)或化学组成(如烟雾)；执行器能够接收控制指令，并对受控对象施加控制作用；决策控制单元是一种逻辑控制设备，能够根据用户定义的语义规则生成控制逻辑。基本组件结合反馈循环控制机制如图 2-9 所示。

CPS 是运行在不同时间和空间范围的闭环(多闭环)系统，且感知、决策和控制执行子系统大多不在同一位置。逻辑上紧密耦合的基本功能单元依存于拥有强大计算资源和数据库的网络基础设施，如 Internet、数据库、知识库服务器及其他类型数据传输网络等，能够实现本地或者远程监测，并影响物理环境。

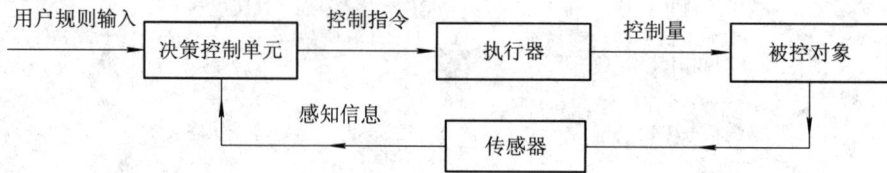

图 2-9　物理信息系统反馈环

2.4.3　特征

CPS 具有与传统的实时嵌入式系统以及监控与数据采集系统(Supervisory Control And Data Acquisition Systems, SCA-DA)不同的特殊性质。

1) 全局虚拟性、局部物理性

局部物理世界发生的感知和操纵，可以跨越整个虚拟网络，并被安全、可靠、实时地观察和控制。

2) 深度嵌入性

嵌入式传感器与执行器使计算深深嵌入到每一个物理组件，甚至可能嵌入进物质里，从而使物理设备具备计算、通信、精确控制、远程协调和自治等功能，更使计算变得普通，成为物理世界的一部分。

3) 事件驱动性

物理环境和对象状态的变化构成"CPS 事件"：触发事件→感知→决策→控制→事件的闭环过程，最终改变物理对象状态。

4) 以数据为中心

CPS 各个层级的组件与子系统都围绕数据融合向上层提供服务，数据沿着从物理世界接口到用户的路径一路不断提升抽象级，用户最终得到全面的、精确的事件信息。

5) 时间关键性

物理世界的时间是不可逆转的，因而 CPS 的应用对时间有着严格的要求，信息获取和提交的实时性会影响用户的判断与决策精度，尤其是在重要基础设施领域。

6) 安全关键性

CPS 的系统规模与复杂性对信息系统安全提出了更高的要求，尤其重要的是需要理解与防范恶意攻击带来的严重威胁，以及 CPS 用户的隐私被暴露等问题。

7) 异构性

CPS 包含了许多功能与结构各异的子系统，各个子系统之间需要通过有线或无线的通信方式相互协调工作，因此，CPS 也被称为混合系统或者系统的系统。

8) 高可信赖性

物理世界不是完全可预测和可控的，对于意想不到的情况，必须保证 CPS 的鲁棒性(Robustness，即健壮和强壮性)，同时还须保证其可靠性、高效率、可扩展性和适应性。

9) 高度自主性

组件与子系统都具备自组织、自配置，自维护、自优化和自保护能力，可以支持 CPS 完成自感知、自决策和自控制。

10) 领域相关性

在诸如汽车、石油化工、航空航天、制造业、民用基础设施等工程应用领域，CPS 的研究不仅着眼于自身，也着眼于这些系统的容错、安全、集中控制和社会等方面对它们的设计产生的影响。

2.4.4　机遇与挑战

CPS 的应用，小到智能家居等家用级系统，大到工业控制系统、智能交通系统等国家级、世界级系统，其市场规模难以估量。更重要的是，CPS 广泛应用的目标不仅仅是要简单地将诸如家电等产品连在一起，还要催生出众多具有计算、通信、控制、协同和自治性能的设备。

下一代工业将建立在 CPS 之上。随着 CPS 技术的发展和普及，使用计算机和网络实现功能扩展的物理设备将无处不在，它们必将推动工业产品和技术的升级换代，极大地提高汽车、航空航天、国防、工业自动化、健康医疗设备、重大基础设施等主要工业领域的竞争力。CPS 不仅会催生出新的工业，甚至会重新调配现有产业布局。

CPS 既昭示着无限前景，也带来了极大的挑战，这些挑战很大程度上来自控制与计算之间的差异。通常，控制领域是通过微分方程和连续的边界条件来处理问题的，而计算则建立在离散数学的基础上；控制对时间和空间都十分敏感，而计算则只关心功能的实现。因此，这种差异将给计算机应用科学带来基础性的变革。

2.4.5　CPS 与智能制造

CPS 对智能制造系统具有非常重要的意义。

1) 让地球互联

CPS 的意义在于将物理设备联网，特别是连接到互联网上，使得物理设备具有计算、通信、精确控制、远程协调和自治等五大功能。

本质上说，CPS 是一个具备控制属性的网络，但它又有别于现有的控制系统。20 世纪 40 年代，美国麻省理工学院发明了数控技术，如今，基于嵌入式计算系统的工业控制系统遍地开花，工业自动化早已成熟，日常生活中所使用的各种家电都具有控制功能。但是，这些控制系统基本上属于封闭系统，即使其中一些工控应用网络具有联网和通信的功能，这种网络一般也仅限于工业控制总线，网络内部各个独立的子系统或者说设备则难以通过开放总线或者互联网进行互联，而且它们的通信功能普遍较弱，但 CPS 则把通信放在与计算、控制同等的地位上。在 CPS 所强调的分布式应用系统中，物理设备之间的协调是离不开通信的。CPS 对网络内部设备的远程协调能力、自制能力、所控制对象的种类和数量，特别是网络规模上都远远超过现有的工控网络。

理论上，CPS 可使整个世界互联起来，就如同互联网在人与人之间建立互动一样，CPS 也将深化人与物理世界的互动。

2) 涵盖物联网

CPS 的出现，使得物联网的定义和概念明确起来，物联网就是主要应用在物流领域的技术，物与物之间的互联无非就"各报家门"，知道对方"何许人也"这么简单，而相对于将物与物相连的物联网技术，CPS 要求接入网络的设备具备更加精确和复杂的计算能力。如果从计算性能的角度出发，把一些高端的 CPS 的客户机、服务器比作"身材健硕"的，那么物联网的同类应用则可视为"瘦小羸弱"的，因为物联网中的通信大都发生在物品与服务器之间，物品本身不具备控制和自治能力，也无法进行彼此之间的协同。海量运算是很多 CPS 接入设备的主要特征，以基于 CPS 的智能交通系统为例，满足 CPS 要求的汽车电子系统通常需要进行海量运算，而目前已经十分复杂的汽车电子系统根本无法胜任这一要求。

在 CPS 中，物理设备指的是自然界的一切客体，既包括冷冰冰的设备，也有活生生的生物。现有互联网的边界是各种终端设备，人们与互联网通过这些终端来进行信息交换。而在 CPS 中，人可以成为 CPS 网络的"接入设备"，这种信息的交互可能是通过芯片与人的神经系统直接互联实现的。尽管物联网技术也能做到把无线电射频芯片嵌入人体，但其本质上还是通过无线电射频芯片与读写器进行通信，人并没有真正参与其中。然而在 CPS 中，人的感知十分重要。

以上文提到的智能交通系统为例，可以做出这样的假设：当智能交通系统感知到高速行驶的汽车与你将穿越马路的行人之间存在发生碰撞的可能时，系统或许会以更直接的方法——通过"脑机接口"(Brain-machine Interface，BCI)让人不经大脑思考就来个"立定"，避开事故的发生；而非通常的做法——由系统发出指令让汽车急刹车，或者告诉行人"让步"。

总而言之，CPS 可以促使虚拟网络与实体物理系统相整合。在制造业中，它促使企业建立全球网络，把产品设计、制造、仓储、生产设备融入 CPS 中。使信息得以在这些相互独立的制造要素间自动交换、接受动作指令、进行无人控制。CPS 能够引领制造业不断向着设备、数据、服务无缝连接的方向发展，起着推动制造业智能化的重要作用。

2.5　西门子的智能制造系统

假如你是一家家电企业工厂的负责人，同时收到生产 500 台冰箱和 500 台洗衣机的订单，你将如何安排生产计划，是先生产 500 台冰箱(或洗衣机)，还是将冰箱和洗衣机交替混合生产？生产的理想状态应该是小批量、多批次，这样可使生产均匀连续，减少原材料的消耗，库存代售品数量最优，现金流更顺畅。智能制造的目标，就是在智能制造系统的基础上完成多品种、个性化、小批量的高质量生产，而非工业化的大生产。

德国安贝格的西门子电子工厂(德文缩写：EWA)，是未来智能制造工厂的雏形，乍看之下如医院手术室一般干净整洁的 EWA 生产车间里，身着蓝色工服的员工走在蓝白相间的 PVC 大理石地板上，灰蓝色的机柜整齐地排成一行，显示器上，数据洪流就像瀑布一样倾泻而下。一场工业领域的"数字化革命"正在悄然进行。

2.5.1　制造中的自动化

EWA 是西门子 PLC"数字化智能制造"的典范(图 2-10)，在智能制造系统下，可以实现产品设计、生产的规划和高效执行，以最小的资源消耗获得最高的生产效率。智能生产环境中，每个产品都有自己的代码，如同人的身份证，代码中包含着制造信息，产品可以根据代码来控制自身的生产流程。实现了产品与生产设备及机器之间的相互"通信"。

图 2-10　EWA 生产车间

在智能制造系统下，EWA 员工的工作也发生了天翻地覆的变化：尽管生产过程中的变化因素不计其数，供应链错综复杂，新的生产流程却得到不断优化；在员工数量、生产面积几乎没有变化的情况下，EWA 的产能提高了 8 倍，产品质量比 25 年前更提高了 40 倍。EWA 的负责人表示："数字化智能制造系统生产的产品合格率高达 99.9988%，世界上还没有同类工厂达到如此高的合格率。"EWA 每年要生产种类达 1000 多种、数量达 1200 万件的 Simatic 产品，如果按照每年有 230 个工作日来计算，EWA 平均每秒制造一件产品。

通过"智能算法"，可以把过去需要人工完成的大部分工作固化在机器中，使计算机和机器设备能完成生产环节中 75% 的工作量，剩下的部分才由人工完成。如图 2-11 所示，工人只需要在生产开始阶段把裸电路板放到生产线上，此后的生产环节都将由机器自动完成。

图 2-11　自动化生产线

2.5.2　制造中的仿真与数据管理

产品的研发是数字化智能制造的起点，设计和制造在同一个数据平台中改变了传统制造的生产模式，有利于设计部门和生产部门协同工作，消除工作时间差，让生产各方配合更加默契。而且，由于产品设计研发阶段的数据可在工厂各部门系统中实时传递和更新，避免了因沟通不畅而产生的误差，有效提高了 EWA 中的生产效率。

EWA 采用了西门子软件公司开发的设计软件 UG，该软件能够应用于产品从设计到制造的每个环节，并集成了多种学科仿真功能，可以提供全方位的零件设计制造解决方案，这是其他设计软件无法比拟的。设计工程师能够运用 UG 软件的设计功能设计产品，运用装配功能进行组装，运用仿真功能测试产品性能，而无需制造出样品，节省了大量的时间和精力。当然，这也对工程师们提出了更高的要求，他们必须更深入地掌握产品制造设备的属性，才能使编写的仿真模拟程序更加精准。

UG 软件设计出来的产品都会有自己的数据信息，一方面，这些数据信息通过计算机辅助制造系统(CAM)不间断地向生产线传递，使生产线能为即将到来的生产做好准备；另一方面，数据信息会被存放到 EWA 的数据中心——Teamcenter 共享数据库中，使质检、采购和物流等部门得以共享这些数据。根据这些数据信息，质量部门可以对产品进行精准的质量检验，保证了产品的质量；采购部门可以更加准确地采购原材料零部件，降低了库存量；物流部门可以高效地定位产品，保证发货的准确及时。

Teamcenter 共享数据库可以在产品数据更新的同时，让不同部门的数据得以同步更新，避免了传统制造企业由于数据平台的不同而造成的信息传递壁垒，使得 EWA 各个部门的工作更加高效、简单。

2.5.3　制造中的生产执行系统

全集成自动化解决方案在产品生产过程中的应用，实现了数字化和生产的完美结合：可编程逻辑控制器(PLC)控制生产过程，自动化引导车对产品进行传递运输，计算机视觉系统对产品质量进行识别检测，这一切使得产品一次通过率在 99% 以上。

每天，EWA 的生产执行系统会把生成的电子任务工单显示在装配工人的电脑上，数据交换间隔小于 1 秒，装配人员可以实时看到最新版本，避免了装配误差，并可以细致入微地看到每件产品的生命周期。

Simatic IT 平台在生产执行系统中充当生产计划调度者的角色，采用虚拟化技术统一下达生产订单，在与企业资源计划系统高度集成后，还可以进行生产计划、物料管理等数据的传递。Simatic IT 平台还集成了设备管理、品质管理、信息管理、物料追溯管理和生产维护管理等多种功能，保证了管理与生产的协同。

如图 2-12 所示，当一个待装配的产品被引导车运送过来时，传感器会扫描产品上的代码信息，并将代码信息传递给生产执行系统，装配工人面前的电脑显示屏上就会显示该产品的相关信息，当相应的零件盒到位后，提示灯亮起，装配工人就可以根据指示灯及对应的产品信息装配产品，保证了产品装配的准确。在同一条生产线上，可以进行不同种类产品的生产和装配，实现了产品的"柔性"制造。

当产品装配完毕后，工人按下工作台上的按钮，相关传感器就会扫描产品代码，记录产品在本工位上的操作信息，同时，Simatic IT 根据该数据下达指令，运送车根据指令把该产品运送到下一道工序中。

图 2-12　电脑显示屏上的产品信息

　　进入下一道工序之前，产品必须经过严格的质量检验，确保本工序产品的质量，1000多台扫描仪实时记录每一道生产工序，如测试结果、贴装数据、焊接温度等详细的产品信息数据，相对应的约 5000 万条生产过程信息将被存储在 Simatic IT 生产制造执行系统中。如图 2-13，EWA 采用特殊的质量检测方法——计算机视觉检测，通过相机对产品进行拍照，将照片与 Teamcenter 数据库中的正确图像进行对比分析，因此，一点点微小的瑕疵也逃不过检测系统。

图 2-13　计算机视觉检测

　　经过多道工序的装配和检测，再经过包装和装箱，合格的成品通过升降梯和传送带运送到立体仓库或者物流中心。这样，通过智能制造执行系统，一个完整的生产环节得以在自动化设备上高效快速地完成，节省了大量的人力和时间。

2.5.4　制造中的物流系统

　　在 EWA 的物流环节，西门子的生产执行系统、企业资源计划系统(ERP)、SimaticIT平台以及西门子的仓库管理系统都发挥着重要的作用。比如，自动化生产线上的传感器对引导车上的产品代码进行扫描之后，软件系统会根据得到的数据，判断此装配工序需要的物料和零件，工人只要按动按钮，物料库的物料就会通过流水线传输到指定的位置，这一过程不需要人工干预，实现了原材料、产品和相关信息的有效流动，避免了因信息传递不及时，造成错误生产或重复生产。

　　在物料的中转环节，生产过程中的各工序只会在收到相应的指令后，按照产品实际需要的数量进行生产，保证了工厂在适当的时间和地点生产出高质量的产品。EWA 布局紧凑的高货架立体仓库中存放着近 3 万个物料，但物料的存取并不需要叉车搬运，而是通过"堆取料机"用数字定位的方式进行取存。由于仓库中的布局不需要给叉车留出距离和空间，因此设计更合理，空间利用更充分。

在西门子的 EWA 工厂，并不是简单的机械代替人力劳动，而是既实现了自动化生产，又实现了生产的自动调节和自动控制，是建立在数字化生产基础上的自动化。

小　结

通过本章的学习，读者应当了解：

(1) 产品生命周期管理系统可以实现产品开发和生产领域的无缝对接。

(2) 产品生命周期管理系统涵盖整个制造过程的信息化、自动化、数字化领域。

(3) 可视化管理的对象一目了然，拥有不可比拟的优势。

(4) 虚拟仿真技术包含了集成化、虚拟化与网络化的众多特征，充分满足了现代仿真技术的发展需求。

(5) 虚拟仿真技术具有四个基本特性：沉浸性、交互性、虚幻性和逼真性。

(6) 实时数据的精准分析对于智能制造至关重要。

(7) 生产执行系统将会不断增强企业自身的核心竞争力。

(8) 生产执行系统是一套对生产现场进行综合管理的集成系统，也是一个信息枢纽，具有承上启下的作用，强调信息的实时性。

(9) 信息物理系统是与 3C 技术深度有机融合的智能系统，实现了计算资源与物理资源的紧密结合与协调。

(10) CPS 的体系结构由决策层、网络层和物理层组成。

练　习

1. 产品生命周期管理系统是对产品生命周期中全部组织、管理行为的综合与优化，它以不断增加_____为导向，贯穿产品的____、____、____、____，以及最后的回收环节，并包括所有相关服务。

2. 简述可视化管理的优势。

3. 虚拟仿真技术具有_____、_____、_____、_____四个基本特性。

4. CPS 是通过____、____与_____，从实体空间的____、____、____中进行大数据的采集、存储等，并与对象的设计、测试、运行性能表征深度有机融合，构建实时交互、相互耦合、相互更新的网络空间，包括机理空间、环境空间与群体空间；进而通过_____、_____、_____、_____、_____和_____促进工业资产全面智能化的系统。

5. CPS 的基本组件包括_____、_____和_____。

6. 简述 CPS 的特征。

第 3 章　智能制造装备与服务

本章目标

- 了解智能制造装备的定义、发展现状及市场需求

- 熟悉智能制造装备技术的内容

- 熟悉感知系统的组成

- 熟悉智能维护技术未来的研究方向

- 了解智能工艺的概述与组成，掌握专家系统的构成与特点

- 了解数控技术的发展历程，并掌握各项智能数控技术的定义

- 了解智能制造服务的定义与未来发展

- 熟悉智能制造服务相关技术

3.1 智能制造装备

智能制造装备是制造业的基础硬件，也是智能制造标准体系中至关重要的一环。发展智能制造装备产业，对于加快制造业转型升级，提升生产效率、技术水平和产品质量，降低能源消耗，实现制造过程的智能化和绿色化都具有重要意义。

3.1.1 智能制造装备的定义

智能制造装备是具有感知、分析、推理、决策、控制等功能的制造装备，它能够自行感知、分析运行环境，自行规划、控制作业，自行诊断和修复故障，主动分析自身性能优劣、进行自我维护，并能够参与网络集成和网络协调。智能制造装备的定义如图 3-1 所示。

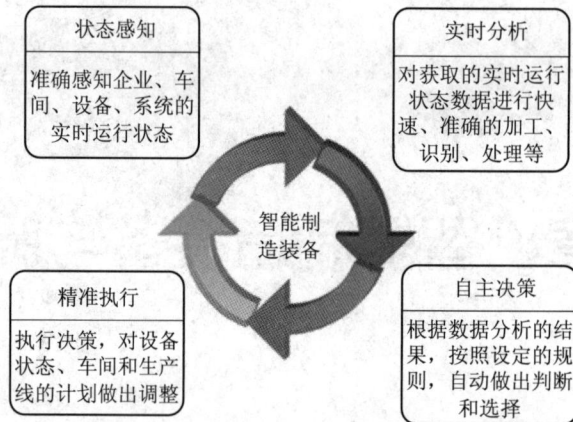

图 3-1 智能制造装备

智能制造装备产业涵盖了关键智能基础共性技术(如传感器等关键器件、零部件等)、测控装置和部件(如智能仪表、高档自控系统、数控系统等)以及智能制造成套装备等几大领域。由此可见，智能制造装备与生产制造的各个环节息息相关，大力发展智能制造装备，可以有效优化生产流程，提高生产效率、技术水平和产品质量。

3.1.2 市场需求与产业前景

目前，我国的智能制造装备产业以新型传感器、智能控制系统、工业机器人和自动化成套生产线为代表，尚处于发展初期，未来市场空间巨大，但同时也面临国际竞争的挑战。

1. 市场需求

随着信息技术向制造业的渗透和新一代信息技术与制造技术的充分交互，以及制造业自动化、数字化、网络化水平的显著提高，智能制造将成为生产方式变革的风向标，以工业机器人为代表的智能装备产业将迎来快速发展期。

1) 发展两化融合、科技集成

在市场需求不断变化的驱动下，制造业的生产规模正向多品种、变批量(变批量生产的概念是相对于批量生产而来的，是批量可变的意思)、柔性化的方向发展；而在信息科技发展的推动下，制造业的资源配置正向信息密集型的方向发展。发展先进制造技术的目的，不仅是要高效制造出满足用户需求的优质产品，而且还要清洁、灵活地进行生产，以提高产品对动态多变的市场的适应能力和竞争能力。

当前，制造业正朝着全球化、信息化、专业化、绿色化、服务化的方向发展，而制造技术则向高精度、智能化、绿色低碳、高附加值、增值服务、物流联动等方向发展。在智能制造装备的发展趋势中，制造业的发展重点将主要围绕"绿色化"与"智能化"展开。作为我国高端装备制造领域重点发展的五大行业之一，智能制造装备将成为推进我国装备制造业迈向"高精尖"的最主要力量。

2) 机器人产业市场需求快速增长

2012 年，美国《华盛顿邮报》曾指出，世界上现在有 3 种以指数倍增方式快速发展的技术——人工智能、机器人以及数字制造，它们将重塑制造业的竞争面貌。

由于人工劳动成本快速上涨，并且工业机器人具有稳定性高、生产速率快等技术优势，越来越多的企业开始使用工业机器人替代人工作业。和全球工业机器人市场一样，目前我国的工业机器人主要有搬运、焊接和装配三类，主要应用在汽车及零部件、电子电器和化工等领域。随着我国智能制造装备的发展，工业机器人在其他工业行业中也得到快速推广，如电子、橡胶塑料、军工、航空制造、食品工业、医药设备等领域。

"十二五"规划(中华人民共和国国民经济和社会发展第十二个五年规划纲要，起止时间为 2011—2015 年)是中国工业机器人产业发展的关键转折点。目前，中国正在服役的机器人已占全球总量的 9%左右，市场需求也呈现井喷式发展。业内人士认为，中国市场的机器人需求总量有望超过万亿，智能制造及智能化设备的行业前景乐观。

2. 产业前景

智能制造装备是高端装备制造业发展的重点方向之一。翻阅国内各大城市的发展规划，不难发现智能制造装备产业在我国受到越来越多的关注。除了各地的产业发展布局，智能制造装备产业本身也呈现"万马奔腾"态势。

《中国制造 2025》提出，到 2020 年，智能制造装备产业要形成完整的产业体系，实现装备的智能化以及制造过程的自动化，部分产品取得原始创新突破，成为具有国际竞争力的先导产业，基本满足国民经济重点领域和国防建设的需求。

在智能制造装备领域，要重点推进高档数控机床与基础制造装备，自动化成套生产线，智能控制系统，精密和智能仪器仪表与实验设备，关键基础零部件、元器件及通用部件，智能专用装备的发展，实现生产过程自动化、智能化、精密化、绿色化，带动工业整体水平的提高。

业内人士认为，未来 30 年是新中国成立以来的"第三个 30 年"，是中国绕过"中等收入陷阱"，并"由大变强"的关键时期。未来一段时期，中国将形成以智能制造装备产业为主导、多种先进制造业互相支撑的产业新格局。

3.2　智能制造装备技术

智能制造装备技术，即是让制造装备能进行诸如分析、推理、判断、构思和决策等多种智能活动，并可与其他智能装备进行信息共享的技术。智能制造装备技术是先进制造技术、信息技术和智能技术的集成和深度融合。

从功能上讲，智能制造装备技术包括装备运行与环境感知、识别技术，性能预测与智能维护技术，智能工艺规划与编程技术，智能数控技术，如图 3-2 所示。

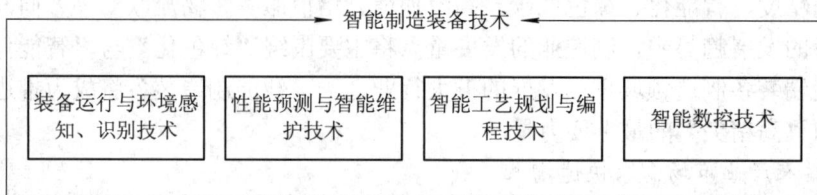

图 3-2　智能制造装备技术

3.2.1　装备运行与环境感知、识别技术

传感器是智能制造装备中的基础部件，可以感知或者说采集环境中的图形、声音、光线以及生产节点上的流量、位置、温度、压力等数据。传感器是测量仪器走向模块化的结果，虽然技术含量很高但一般售价较低，需要和其他部件配套使用。

智能制造装备在作业时，离不开由相应传感器组成的或者由多种传感器结合而成的感知系统。感知系统主要由环境感知模块、分析模块、控制模块等部分组成，它将先进的通信技术、信息传感技术、计算机控制技术结合来分析处理数据。环境感知模块可以是机器视觉识别系统、雷达系统、超声波传感器或红外线传感器等，也可以是这几者的组合。随着新材料的运用和制造成本的降低，传感器在电气、机械和物理方面的性能越发突出，灵敏性也变得更好。未来随着制造工艺的提高，传感器会朝着小型化、集成化、网络化和智能化方向进一步发展。

智能制造装备运用传感器技术识别周边环境(如加工精度、温度、切削力、热变形、应力应变、图像信息)的功能，能够大幅改善其对周围环境的适应能力，降低能源消耗，提高作业效率，是智能制造装备的主要发展方向。

3.2.2　性能预测与智能维护技术

1. 性能预测

对设备性能的预测分析以及对故障时间的估算，如对设备实际健康状况的评估、对设备的表现或衰退轨迹的描述、对设备或任何组件何时失效及怎样失效的预测等，能够减少不确定性的影响并为用户提供预先的缓和措施及解决对策，减少生产运营中产能与效率的损失。而具备可进行上述预测建模工作的智能软件的制造系统，称为预测制造系统。

一个精心设计开发的预测制造系统具有以下优点：

(1) 降低成本。通过对生产资产实际情况的了解，维护工作可以在更合适的条件下实施，而不是在故障发生后才更换损坏的部件，或过早将完好的部件进行不必要的更换，即做到所谓的及时维护。另外，历史健康信息也可以由系统反馈到机器设备的设计部门，从而形成闭环的生命周期更新设计。

(2) 提高运营效率。当预测到设备很可能失效时，系统可以使生产和维修主管更合理地安排相关活动，从而最大限度地提高设备的可用性和正常运行时间。

(3) 提高产品质量。将近乎实时的设备状态监测数据与过程控制系统相结合，可以在设备或系统状况随时间变化的同时保持产品质量的稳定。

2. 智能维护技术研究

智能维护是采用性能衰退分析和预测方法，结合现代电子信息技术，使设备达到近乎零故障性能的一种新型维护技术。智能维护技术是设备状态监测与诊断维护技术、计算机网络技术、信息处理技术、嵌入式计算机技术、数据库技术和人工智能技术的有机结合，其主要研究领域包括以下几个方面：

(1) 远程维护系统架构和网络技术研究。利用网络技术，实现信息(包括数据、语音和图像)的多向畅通传输，根据远程诊断数据，保证网络各节点(诊断维护中心、用户、制造厂和诊断专家)正常传输信息，综合考虑网络设备的价格和保障信息传输的带宽等因素，从硬件、软件和集成等方面研究系统的实现及应用方案，这是实现远程维护的基础。

(2) 网络诊断维护标准、规范的研究。网络诊断维护的核心是技术资源的共享，要实现这一目的，必须研究制定通用的标准和规范，并与国际标准和规范接轨，包括监测方案、监测输出参数的定义、有关参数的限值、测试数据存储格式、数据表达形式、传输协议、诊断维护分析方法等。

(3) 多通道同步高速信号采集技术与高可靠性监测技术的研究。其主要包括如何针对设备不同的工作状态和不同的监测信号，采用 DSP(数字信号处理)实现多种方式的多通道同步高速信号采集、处理与故障特征提取的研究；基于 VXI 总线(一种 VXIbus 器件之间的开放通信标准)的数据采集监测系统的研究，以提高可靠性、实时性和多功能为目标，提高现有系统的性能和技术水平。

(4) 嵌入式网络接入技术的研究。以高性能嵌入式微处理器和嵌入式操作系统(EOS)为核心，对 10M/100M 内置以太网接口、可监测设备状态、嵌入式数据网络化传输终端进行开发研究，以此为基础，建设嵌入式 Web Server(网页服务器)并实现其基于网络的系统维护功能，让用户可通过 Web(网页)形式查看设备状态数据。

(5) 基于图形化编程语言的远程监测软件研究。研究开发能够支持网络化数据通信接口、快速描述监测系统环境、定义数据传输及处理过程的图形化编程软件工具，以便根据不同监测对象快速构建监测诊断软件平台。

(6) 智能分析诊断技术的研究。其主要包括：基于神经网络、模糊理论等智能信息处理方法和基因算法，对设备故障的智能诊断技术及多种智能诊断方法相融合技术的研究；对基于模糊的和确定性的知识进行综合推理的专家系统的研究；对基于小波分析、分形理论等方法的信号分析、故障特征提取技术的研究。

(7) 基于 Web 的网络诊断知识库、数据库和案例库的研究。针对不同应用对象，研究制定故障诊断规则，筛选监测诊断数据和故障案例，建立基于 Web 的网络诊断知识库、数据库和案例库。

(8) 多参数综合诊断技术的研究。采用多参数信息融合技术，研究故障对设备有关状态参数(振动、油液和热力参数)影响的机理、特征和规律；以信息融合的多参数设备故障综合诊断技术为基础，研究制定相应的诊断规则，并开发相应的网络化运行软件。

(9) 专家会诊环境的研究。研究开发具有开放接口的远程设备故障诊断分析工具包，提供频谱、细化谱、倒谱等常规分析以及小波、经验模态分解(EMD)等先进分析工具；研究电子白板、BBS(网络论坛)、Net meeting(网络会议)等技术与应用方案，采用设备状态数据 Web 发布技术与诊断专家网络群件系统技术，实现专家会诊环境，支持集成数据、语音和视频的信息交流。

3.2.3　智能工艺规划与编程技术

智能工艺是将产品设计数据转换为产品制造数据的一种技术，也是对零件从毛坯到成品的制造方法进行规划的技术。智能工艺以计算机软硬件技术为环境支撑，借助计算机的数值计算、逻辑判断和推理功能，确定零件机械加工的工艺过程。智能工艺是连接设计与制造之间的桥梁，它的质量和效率直接影响企业制造资源的配置与优化、产品质量与成本、生产组织效率等，因而对实现智能生产起着重要的作用。

1. 智能工艺概念

智能工艺就是计算机辅助工艺(Computer Aided Process Planning，CAPP)，是指在人和计算机组成的系统中，根据产品设计阶段给的信息，通过人机交互或自动的方式，确定产品的加工方法和工艺过程。智能工艺计算机程序界面(人机界面)如图 3-3 所示。

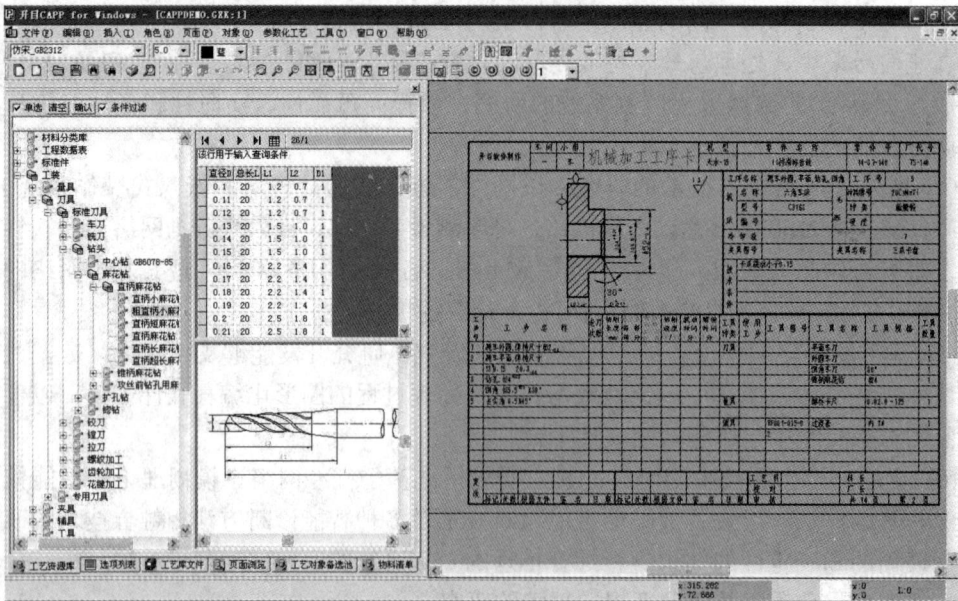

图 3-3　智能工艺人机界面

2．智能工艺组成

智能工艺系统由加工过程动态仿真、工艺过程设计模块、零件信息输入模块、控制模块、输出模块、工序决策模块、工步设计决策模块和 NC 加工指令生成模块构成，如图 3-4 所示。

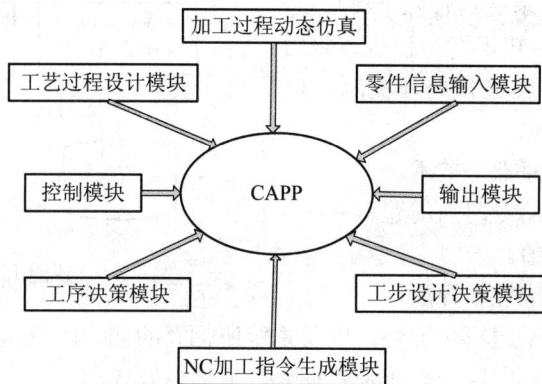

图 3-4　智能工艺系统组成

各模块的功能如下：

(1) 控制模块：协调各模块的运行，实现人机之间的信息交流，控制零件信息的获取方式。

(2) 零件信息输入模块：通过直接读取 CAD 系统或人机交互的方式，输入零件的结构与技术要求。

(3) 工艺过程设计模块：对加工工艺流程进行整体规划，生成工艺过程卡，供加工与生产管理部门使用。

(4) 工序决策模块：对以下方面进行决策，即加工方法、加工设备以及刀夹量具的选择，工序、工步安排与排序，刀具加工轨迹的规划，工序尺寸的计算，时间与成本的计算等。

(5) 工步设计决策模块：设计工步内容，确定切削用量，提供生成 NC 加工控制指令所需的刀位文件。

(6) NC(Numerical Control，数字化控制)加工指令生成模块：依据工步设计决策模块提供的文件，调用 NC 指令代码系统，生成 NC 加工控制指令。

(7) 输出模块：以工艺卡片形式输出产品工艺过程信息，如工艺流程图、工序卡，输出 CAM 数控编程所需的工艺参数文件、刀具模拟轨迹、NC 加工指令，并在集成环境下共享数据。

(8) 加工过程动态仿真模块：对所生成的加工过程进行模拟，检查工艺的正确性。

3．智能工艺决策专家系统

智能工艺决策专家系统是一种在特定领域内具有专家水平的计算机程序系统，它将人类专家的知识和经验以知识库的形式存入计算机，同时模拟人类专家解决问题的推理方式和思维过程，从而运用这些知识和经验对现实中的问题作出判断与决策。

智能工艺决策专家系统由人机接口、解释机构、知识库、数据库、推理机和知识获取机构六部分共同组成，如图 3-5 所示。其中，知识库用来存储各领域的知识，是专家系统的核心；推理机控制并执行对问题的求解，它根据已知事实，利用知识库中的知识按一定推理方法和搜索策略进行推理，得到问题的答案或证实某一结论。

智能工艺决策专家系统具有以下特点：

◇ 以"逻辑推理+知识"为核心，致力于实现工艺知识的表达和处理机制，以及决策过程的自动化。

◇ 采用人工智能原理与技术。

◇ 能够解决复杂而专门的问题。

◇ 突出知识的价值。

◇ 具有良好的适应性和开放性。

◇ 系统决策取决于逻辑合理性，以及系统所拥有的知识的数量和质量。

◇ 系统决策的效率取决于系统是否拥有合适的启发式信息。

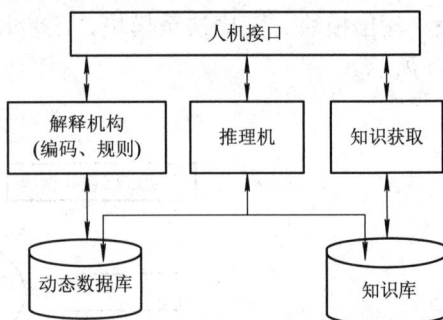

图 3-5　智能工艺决策专家系统构成

3.2.4　智能数控技术

数控技术即数字化控制技术，是一种采用计算机对机械加工过程中的各种控制信息进行数字化运算和处理，并通过高性能的驱动单元，实现机械执行构件自动化控制的技术。而智能数控技术，是指数控系统或部件能够通过对自身功能结构的自整定(设备不断修正某些预先设定的值，以在短时间内达到最佳工作状态的功能)改变运行状态，从而自主适应外界环境参数变化的技术。

1. 智能数控技术的发展

数控技术和装备是制造业信息化的重要组成部分。自 20 世纪 50 年代诞生以来，数控技术经历了电子管元器件数控、晶体管数控、集成电路数控、计算机数控、微型计算机数控、基于 PLC 的开放式数控等多个发展阶段，并将继续朝着智能数控的方向发展，如图 3-6 所示。

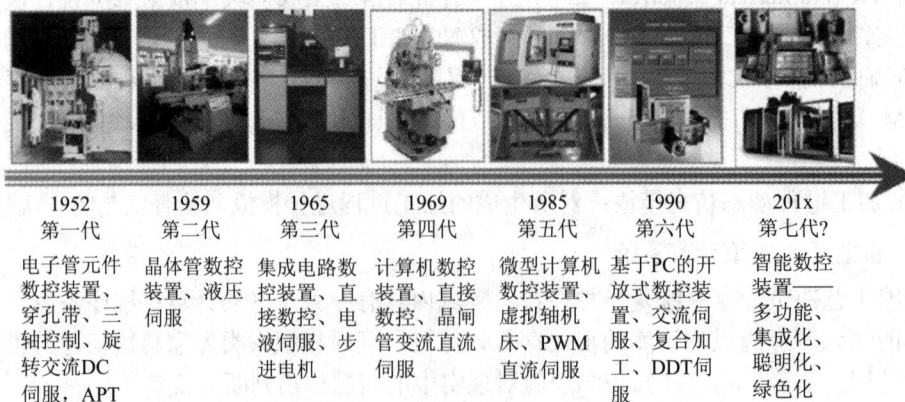

1952 第一代	1959 第二代	1965 第三代	1969 第四代	1985 第五代	1990 第六代	201x 第七代?
电子管元件数控装置、穿孔带、三轴控制、旋转交流DC伺服，APT	晶体管数控装置、液压伺服	集成电路数控装置、直接数控、电液伺服、步进电机	计算机数控、直接数控、晶闸管变流直流伺服	微型计算机数控装置、虚拟轴机床、PWM直流伺服	基于PC的开放式数控装置、交流伺服、复合加工、DDT伺服	智能数控装置——多功能、集成化、聪明化、绿色化

图 3-6　数控技术发展历程

由图 3-6 可以看出，20 世纪 90 年代以后，数控技术越来越趋于集成化和网络化，逐渐发展为智能数控技术。举例来说，随着电子信息技术的发展，CPU(中央处理器)的控制与处理能力得到大幅提升，因此，数控装备如数控机床的动态与静态特性得到显著的提升，而智能数控加工技术也向高性能、柔性化和实时性方向发展。

智能制造时代层出不穷的新情况，诸如加工困难的新型材料、越来越复杂的机器零部件结构、越来越高的工艺质量标准以及绿色制造的要求等，都使智能数控技术面临着全新的挑战。

2．智能数控技术的组成

智能数控技术是智能数控装备、智能数控加工技术以及智能数控系统的统称。

1) 智能数控机床

智能数控机床是最具代表性的智能数控装备。智能数控机床技术包括智能主轴单元技术、智能进给驱动单元技术以及智能机床结构设计技术。

智能主轴单元包含多种传感器，比如温度传感器、振动传感器、加速度传感器、非接触式电涡流传感器、测力传感器、轴向位移测量传感器、径向力测量应变计、对内外全温度测量仪等，使得加工主轴具有精准的应力、应变数据。如图 3-7 所示的智能主轴单元，包含了比较常见的几种传感器。

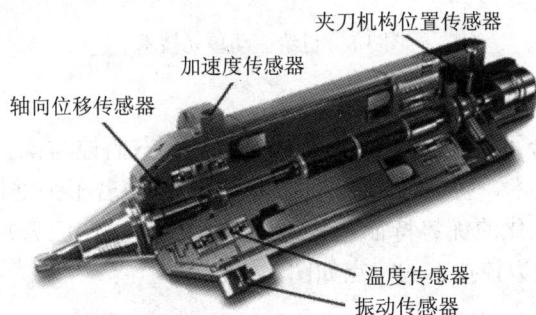

图 3-7　智能主轴单元

智能进给驱动单元确定了直线电机和旋转丝杠驱动的合适范围以及主轴的运动轨迹，可以通过机械谐振来主动控制进给单元，如图 3-8 所示。

智能数控机床了解制造的整个过程，能够监控、诊断和修正生产过程中出现的各类偏差并提供最优生产方案。换句话说，智能机床能够收集、发出信息并进行自主思考和决策，因而能够自动适应柔性和高效生产系统的要求，是重要的智能制造装备之一。

2) 智能数控加工技术

智能数控加工技术包括自动化编程软件与技术、数控加工工艺分析技术以及加工过程及参数化优化技术。

3) 智能数控系统

智能数控系统是实现智能制造系统的重要基础单元，由各种功能模块构成。智能数控系统包括硬件平台、软件技术和伺服协议等。智能数控系统具有多功能化、集成化、智能化和绿色化等特征。

进给驱动单元技术

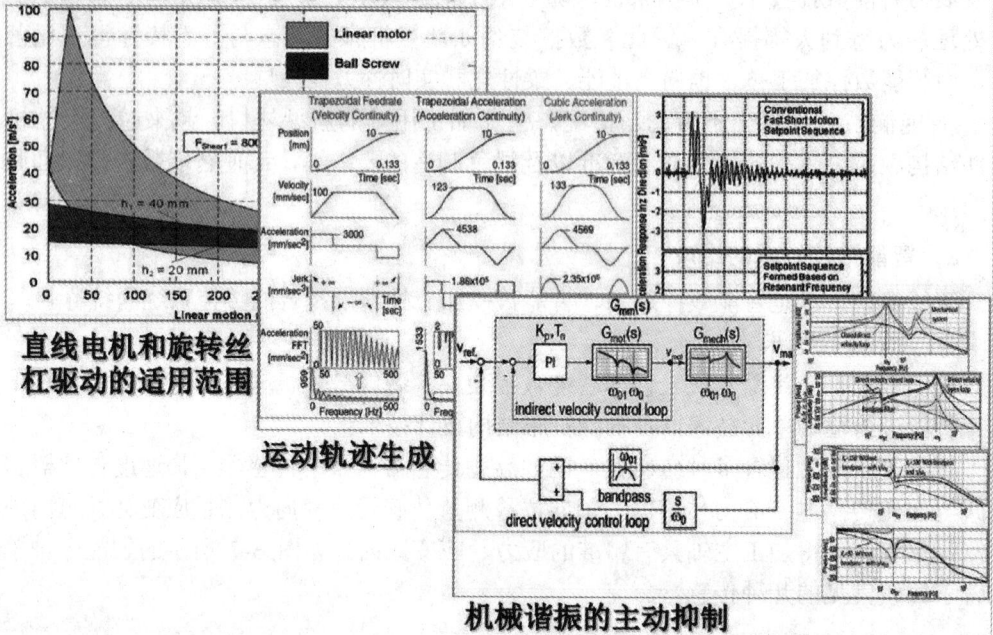

直线电机和旋转丝杠驱动的适用范围

运动轨迹生成

机械谐振的主动抑制

图 3-8　进给驱动单元技术

3. 智能数控技术的特点

　　智能数控技术集合了智能化加工技术、智能化状态监控与维护技术、智能化驱动技术、智能化误差补偿技术、智能化操作界面与网络技术等若干关键技术，具备多功能化、集成化、智能化、环保化的优势特征，必将成为智能制造不可或缺的"左膀右臂"。以智能数控机床为例，智能数控技术的特点如图 3-9 所示。

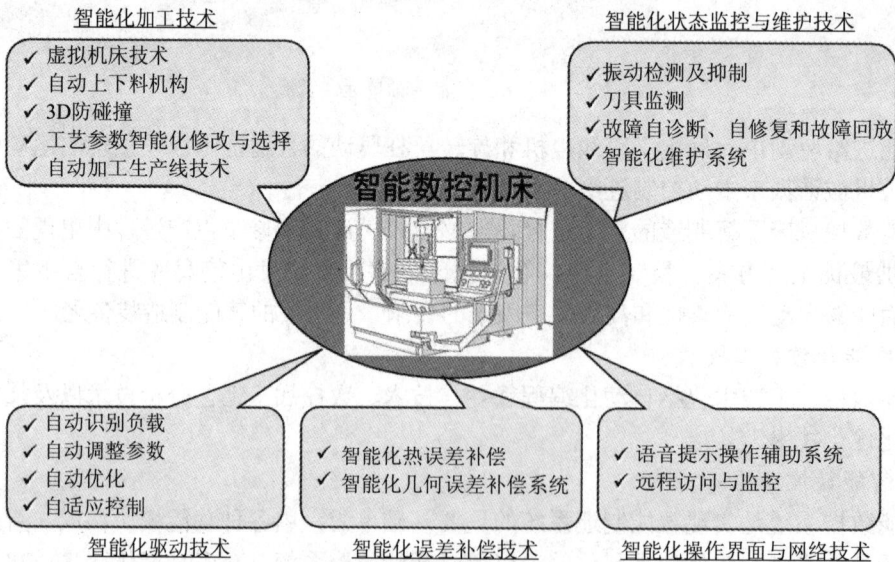

智能化加工技术
- ✓ 虚拟机床技术
- ✓ 自动上下料机构
- ✓ 3D防碰撞
- ✓ 工艺参数智能化修改与选择
- ✓ 自动加工生产线技术

智能化状态监控与维护技术
- ✓ 振动检测及抑制
- ✓ 刀具监测
- ✓ 故障自诊断、自修复和故障回放
- ✓ 智能化维护系统

智能数控机床

- ✓ 自动识别负载
- ✓ 自动调整参数
- ✓ 自动优化
- ✓ 自适应控制

- ✓ 智能化热误差补偿
- ✓ 智能化几何误差补偿系统

- ✓ 语音提示操作辅助系统
- ✓ 远程访问与监控

智能化驱动技术　　智能化误差补偿技术　　智能化操作界面与网络技术

图 3-9　智能数控技术特点

3.3　智能制造服务

随着计算机和通信技术的迅猛发展，制造业也由传统的手工制造，逐渐迈入了以新型传感器、智能控制系统、工业机器人、自动化成套设备为代表的智能制造时代，智能制造服务因而越发受到重视。近年来，随着人工成本的提高及科技的快速发展，产品服务所产生的利润已经远远超过了制造产品本身。

以德国 200 家装备制造企业的统计样本为例，新产品设计、制造、销售环节的利润率不到 4%，而产品培训、备品备件、故障修理、维护、咨询、金融服务等产生的利润率高达 70%，尤其是用于产品维修的备品备件，利润率高达 18%。由此可见，产品非实体部分的价值已经远超产品本身。

通过融合产品和服务，引导客户全程参与产品研发等方式，智能制造服务能够实现制造价值链的价值增值，并对分散的制造资源进行整合，从而提高企业的核心竞争力。

3.3.1　智能制造服务的定义

智能制造服务是指面向产品的全生命周期，依托于产品创造高附加值的服务。举例来说，智能物流、产品跟踪追溯、远程服务管理、预测性维护等都是智能制造服务的具体表现。

智能制造服务结合信息技术，能够从根本上改变传统制造业产品研发、制造、运输、销售和售后服务等环节的运营模式。不仅如此，由智能制造服务环节得到的反馈数据，还可以优化制造行业的全部业务和作业流程，实现生产力可持续增长与经济效益稳步提高的目标。

企业可以通过捕捉客户的原始信息，在后台积累丰富的数据，以此构建需求结构模型，并进行数据挖掘和商业智能分析，除了可以分析客户的习惯、喜好等显性需求外，还能进一步挖掘与客户时空、身份、工作生活状态关联的隐形需求，从而主动为客户提供精准、高效的服务。可见，智能制造服务实现的是一种按需和主动的智能，不仅要传递、反馈数据，更要系统地进行多维度、多层次的感知，以及主动、深入的辨识。

智能制造服务是智能制造的核心内容之一，越来越多的制造型企业已经意识到从生产型制造向生产服务型制造转型的重要性。服务的智能化既体现在企业如何高效、准确、及时地挖掘客户潜在需求并实时响应，也体现为产品交付后，企业怎样对产品实施线上、线下服务，并实现产品的全生命周期管理。

在服务智能化的推进过程中，有两股力量相向而行：一股力量是传统制造企业不断拓展服务业务，另一股力量则是互联网企业从消费互联网进入产业互联网，并实现人和设备、设备和设备、服务和服务、人和服务的广泛连接。这两股力量的胜利会师，将不断激发智能制造服务领域的技术创新、理念创新、业态创新和模式创新。

3.3.2 智能制造服务的未来发展

近些年来，人们的生活已经慢慢被智能产品所充斥，如智能手机、智能手表、智能眼镜，以及物联网下的智能家居等。智能制造的巨大浪潮与产业互联网的融合正在酝酿着崭新的商业模式，以期带来用户需求的颠覆与生活方式的变革。在未来，智能制造服务等新型行业必会得到广泛关注与发展。

美国 GE 公司在 2012 年 11 月发布了《工业互联网：打破智慧与机器的边界》的报告，确定了未来装备制造业智能制造服务转型的路线图，将"智能化设备""基于大数据的智能分析"和"人在回路的智能决策"作为工业互联网的关键要素，并将为工业设备提供面向全生命周期的产业链信息管理服务，帮助用户更高效、更节能、更持久地使用这些设备。装备制造业服务系统的设计构架如图 3-10 所示。

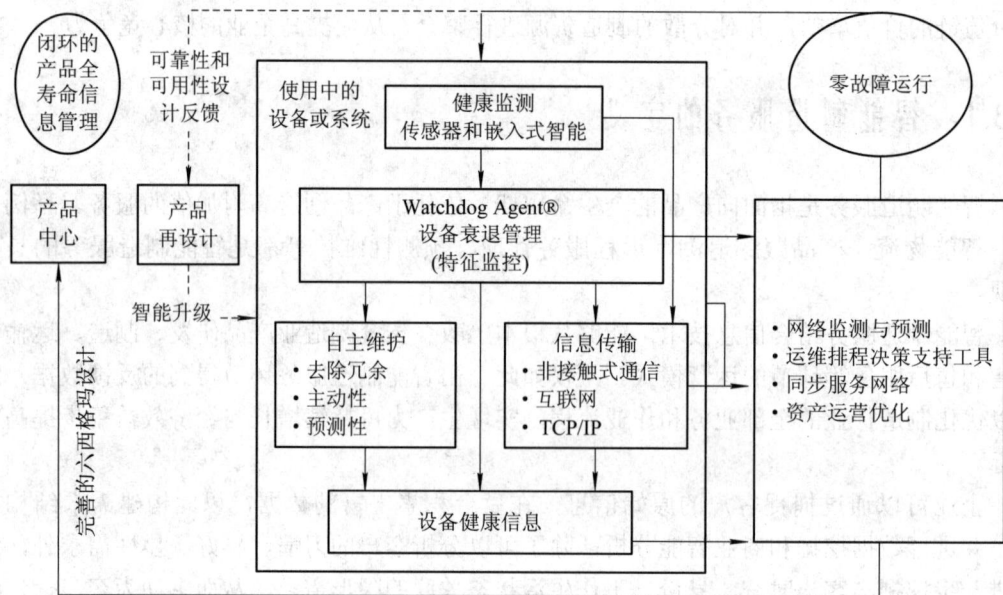

图 3-10　装备制造业服务系统设计构架

未来，产品价值将最终会被服务价值所代替，每一个企业都该借助工业互联网的兴起和它日益完善的功能，在优化提升效率获取可观收益之后，创新服务模式，并且不断探索，为服务模式的创新奠定坚实的实践经验和数据基础。

对传统制造业企业来说，实现智能制造服务可从三个方向入手：一是依托制造业拓展生产性服务业，并整合原有业务，形成新的业务增长点；二是从销售产品向提供服务及成套解决方案发展；三是创建公共服务平台、企业间协作平台和供应链管理平台等，为制造业专业服务的发展提供支撑。

智能制造服务可以包含以下几类：

- ◇ 产品个性化定制、全生命周期管理、网络精准营销与在线支持服务等。
- ◇ 系统集成总承包服务与整体解决方案等。
- ◇ 面向行业的社会化、专业化服务。
- ◇ 具有金融机构形式的相关服务。
- ◇ 大型制造设备、生产线等融资租赁服务。
- ◇ 数据评估、分析与预测服务。

3.4　智能制造服务技术

　　智能制造服务是世界范围内信息化与工业化深度融合的大势所趋，并逐渐成为衡量一个国家和地区科技创新和高端制造业水平的标志。而要实现完整的生产系统智能制造服务，关键是突破智能制造服务的基础共性技术，主要包括服务状态感知技术、网络安全技术和协同服务技术。

3.4.1　服务状态感知技术

　　服务状态感知技术是智能制造服务的关键环节，产品追溯管理、预测性维护等服务都是以产品的状态感知为基础的。服务状态感知技术包括识别技术和实时定位系统。

1．识别技术

　　识别技术主要包括射频识别技术、基于深度三维图像识别技术以及物体缺陷自动识别技术。基于三维图像物体识别技术可以识别出图像中有什么类型的物体，并给出物体在图像中所反映的位置和方向，是对三维世界的感知理解。结合了人工智能科学、计算机科学和信息科学之后，三维物体识别技术成为智能制造服务系统中识别物体几何情况的关键技术。

2．实时定位系统

　　实时定位系统可以对多种材料、零件、工具、设备等资产进行实时跟踪管理，例如，生产过程中需要监视在制品的位置行踪，以及材料、零件、工具的存放位置等。这样，在智能制造服务系统中就需要建立一个实时定位网络系统，以实现目标在生产全程中的实时位置跟踪。

3.4.2　信息安全技术

　　数字化技术之所以能够推动制造业的发展，很大程度上得益于计算机网络技术的广泛应用，但这也对制造工厂的网络安全构成了威胁，如图 3-11 所示。

　　在制造企业内部，工人越来越依赖于计算机网络、自动化机器和无处不在的传感器，而技术人员的工作就是把数字数据转换成物理部件和组件。制造过程的数字化技术支撑着产品设计、制造和服务的全过程，必须加以保护。不止如此，在智能制造体系中，制造业企业从顾客需求开始，到接受产品订单、寻求合作生产、采购原材料或零部件、产品协同设计到生产组装，整个流程都通过互联网连接起来，网络安全问题将更加突出。

这其中涉及的智能互联装备、工业控制系统、移动应用服务商、政府机构、零售企业、金融机构等都有可能被网络犯罪分子攻击，从而造成个人隐私泄露、支付信息泄露或者系统瘫痪等问题，带来重大的损失。在这种情形下，互联网应用于制造业等传统行业，在产生更多新机遇的同时，也带来了严重的安全隐患。

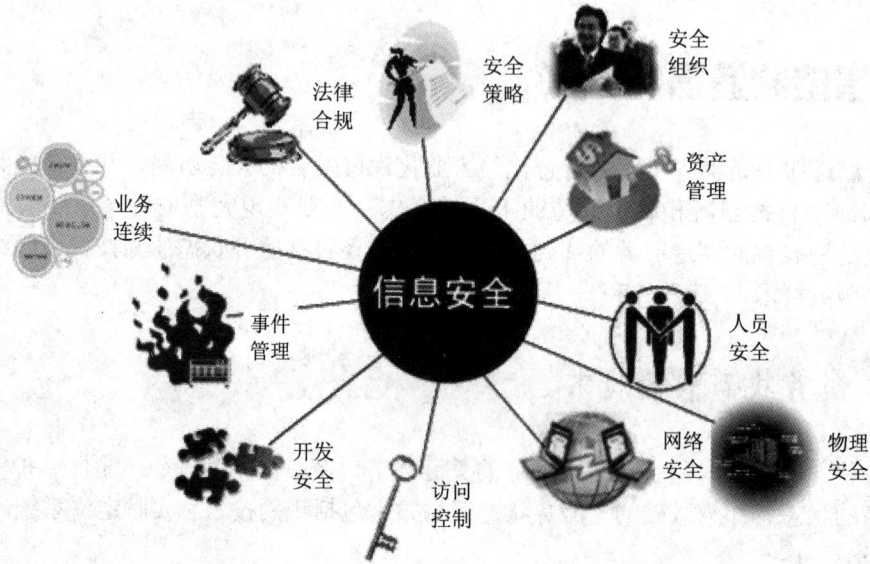

图 3-11　信息安全

想要解决网络安全问题，需要从两个方面入手：

(1) 确保服务器的自主可控。服务器作为国家政治、经济、信息安全的核心，其自主化是确保行业信息化应用安全的关键，也是构筑中国信息安全长城不可或缺的基石。只有确保服务器的自主可控，满足金融、电信、能源等对服务器安全性、可扩展性及可靠性有严苛标准行业的数据中心和远程企业环境的应用要求，才能建立安全可靠的信息产业体系。

(2) 确保 IT 核心设备安全可靠。目前，我国 IT 核心产品仍严重依赖国外企业，信息化核心技术和设备受制于人。只有实现核心电子器件、高端通用芯片及基础软件产品的国产化，确保核心设备安全可靠，才能不断把 IT 安全保障体系做大做强。

3.4.3　协同服务技术

要了解协同服务技术，首先要了解什么是协同制造。

1. 协同制造

协同制造，是充分利用网络技术和信息技术，实现供应链内及跨供应链间的企业产品设计、制造、管理和商务合作的技术。协同制造通过改变业务经营模式与方式，实现资源的充分利用。

协同制造是基于敏捷制造、虚拟制造、网络制造、前期化制造的现代制造模式，它打破了时间和空间的约束，通过互联网使整个供应链上的企业、合作伙伴共享客户、设计和生产经营信息。协同制造技术使传统的生产方式转变成并行的工作方式，从而最大限度地缩短产品的生产周期，快速响应客户需求，提高设计、生产的柔性。

按协同制造的组织分，协同制造分为企业内的协同制造(又称纵向集成)和企业间的协同制造。

按协同制造的内容分，协同制造又可分为协同设计、协同供应链、协同生产和协同服务。

2．协同服务

协同服务是协同制造的重要内容之一。协同服务包括设备协作、资源共享、技术转移、成果推广和委托加工等模式的协作交互，通过调动不同企业的人才、技术、设备、信息和成果等优势资源，实现集群内企业的协同创新、技术交流和资源共享。

协同服务最大限度地减少了地域对智能制造服务的影响。通过企业内和企业间的协同服务，顾客、供应商和企业都参与到产品设计中，大大提高了产品的设计水平和可制造性，有利于降低生产经营成本，提高质量和客户满意度。

小　　结

通过本章的学习，读者应当了解：

(1) 智能制造装备就是具有感知、分析、推理、决策、控制等功能的制造装备，它是先进制造技术、信息技术和智能技术的集成和深度融合。

(2) 智能维护是采用性能衰退分析和预测方法，结合现代电子信息技术，使设备达到近乎零故障性能的一种新型维护技术。

(3) 智能工艺是将产品设计数据转换为产品制造数据的一种技术，也是对零件从毛坯到成品的制造方法进行规划的技术。

(4) 智能数控机床技术包括智能主轴单元技术、智能进给驱动单元技术以及智能机床结构设计技术。

(5) 智能制造服务实现的是一种按需和主动的智能，不仅要传递、反馈数据，更要系统地进行多维度、多层次的感知，以及主动、深入的辨识。

练　　习

1．感知系统主要由_____、_____、_____等部分组成。

2．智能维护是采用_____方法，结合现代电子信息技术，使设备达到近乎零故障性能的一种新型维护技术。

3．简述智能工艺决策专家系统的内容以及构成。

4. 简述智能数控技术的特点。

5. 智能制造服务实现的是一种_____和_____的智能，其中不仅仅需要传递、反馈___，更要系统地进行_____、_____的感知，以及主动、深入的辨识。

6. 简述智能制造服务基础共性技术。

第4章　智能制造核心技术

本章目标

- 掌握工业机器人的概念，了解工业机器人的结构和分类

- 掌握智能传感器和智能终端的概念、组成和应用

- 了解机器视觉技术的定义、分类和选择

- 了解射频识别技术的定义、基本原理和标准

- 了解智能制造系统需要管理的数据的种类

- 了解云计算技术的架构、模式和应用

- 了解虚拟制造技术的概念和关键技术

- 了解智能制造信息系统的作用

4.1　智能硬件

如第一章所述，智能制造是通过智能化的感知、人机交互等技术，实现制造装备的智能化，是信息技术、智能技术与装备制造技术的深度融合与集成。因此，智能制造的发展是和智能硬件密不可分的。传统的制造装备通过应用智能硬件技术而具有了信息采集、分析和执行的能力，从而在智能制造的全生命周期中占据了重要的地位。

如图 4-1 所示，智能制造体系中的智能硬件可以分为三类，分别是高端制造装备、关键基础器件和智能产品，各自以工业机器人、智能传感器和智能终端为代表。本节重点讲述这三类的代表硬件及其关键技术。

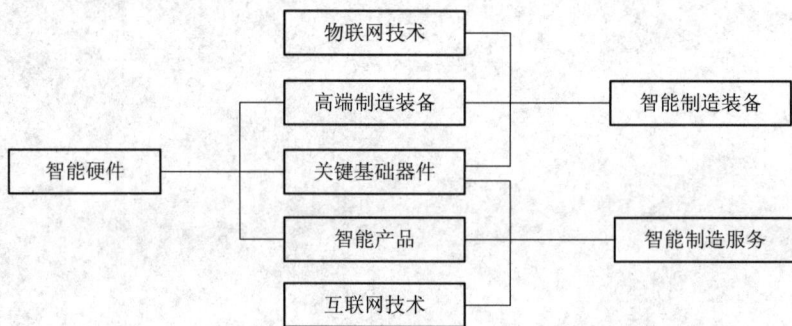

图 4-1　智能硬件分类

4.1.1　工业机器人

工业机器人是面向工业领域的多关节机械手或多自由度的现代制造业智能化装备，它集机械、电子、控制、计算机、传感器和人工智能等多学科先进技术于一体，能自动执行工作，靠自身动力和控制能力来实现各种功能。它既可以接受人类的指挥，也可以按照预先编排的程序运行。

1. 工业机器人的组成

一台完整的工业机器人由以下几部分组成：操作机、驱动系统、控制系统以及可更换的末端执行器，如图 4-2 所示。

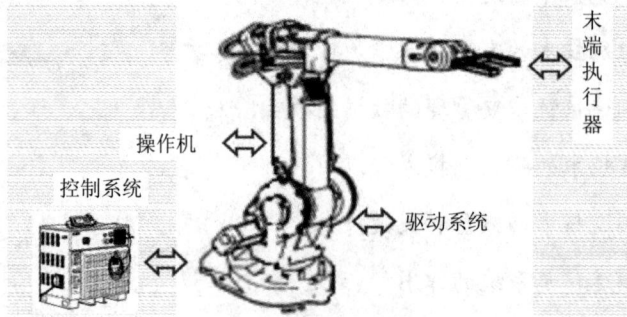

图 4-2　工业机器人组成

1) 操作机

操作机是工业机器人的机械主体，是用来完成各种作业的执行机械。工业机器人的"柔性"除体现在其控制装置可重复编程外，还和机器人操作机的结构形式有很大关系。机器人中普遍采用的关节型结构，具有类似人体腰、肩和腕等仿生结构。

2) 驱动系统

驱动系统是指驱动操作机运动部件动作的装置，也就是机器人的动力装置。机器人使用的动力源有：压缩空气、压力油和电能。因此相应的动力驱动装置就是气缸、油缸和电机。

3) 控制系统

控制系统是工业机器人的核心部件，它通过各种控制电路硬件和软件的结合来操控机器人，并协调机器人与生产系统中其他设备的关系。一个完整的机器人控制系统除了作业控制器和运动控制器外，还包括控制驱动系统的伺服控制器以及检测机器人自身状态的传感器反馈。现代机器人的电子控制装置由可编程控制器、数控控制器或计算机构成。控制系统是决定机器人功能和水平的关键部分，也是机器人系统中更新和发展最快的部分。

4) 末端执行器

工业机器人的末端执行器是指连接着操作机腕部的直接用于作业的机构，它可能是用于抓取搬运的手部(爪)，也可能是用于喷漆的喷枪，或检查用的测量工具等。工业机器人操作臂的手腕，有用于连接各种末端执行器的机械接口，按作业内容的不同所选择的手爪或工具就装在其上，这进一步扩大了机器人作业的柔性。

2．工业机器人的分类

工业机器人的分类方式多种多样，比较常见的有按作业用途分类、按运动自由度数分类以及按控制系统的控制方式分类等。

工业机器人按照具体的作业用途，可以分为点焊机器人、搬运机器人、喷漆机器人、涂胶机器人、检测机器人以及装配机器人等。

工业机器人的自由度数一般为 2～7 个，按运动自由度数分类可分为简易型和复杂型。简易型的为 2～4 个自由度，复杂型的为 5～7 个自由度。机器人的自由度数是机器人的一个重要技术指标，指的是操作机各运动部件独立运动的数目之和。这种运动只有直线运动和旋转运动两种形态。机器人腕部的任何复杂运动都可由这两种运动来合成。按照机器人具有的运动自由度数分类的方式也适用于非工业机器人，自由度数越多，机器人的柔性越大，结构和控制也就越复杂。

按照控制系统的控制方式，工业机器人可分为如下几类：

◇　点位控制机器人：只能控制从一个特定点移动到另一个特定点，而无法控制其移动路径的机器人。

◇　连续轨迹控制机器人：能够在运动轨迹的任意特定数量的点处停留，但不能在这些特定点之间沿某一确定的路线运动。机器人要经过的任何一点都必须储存在机器人的存储器中。

◇　可控轨迹机器人：又称作计算轨迹机器人，其控制系统能够根据要求，精确地计算出直线、圆弧、内插曲线和其他轨迹。在轨迹中的任何一点，机器人都可以达到较高的运动精度。因此，只要输入符合要求的起点坐标、终点坐标以及指定轨迹的名称，机器人就可以按指定的轨迹运行。

◇ 伺服型与非伺服型机器人：伺服型机器人可以通过某些方式(比如智能传感器)感知自己的运动位置，并把所感知的位置信息反馈回来控制机器人的运动；非伺服型机器人则无法确定自己是否已经到达指定位置。

3．工业机器人的特点

1) 可编程

生产自动化的进一步发展是柔性自动化。工业机器人可随其工作环境变化的需要而再编程，因此它在小批量、多品种且具有均衡高效率的柔性制造过程中能发挥很好的功用，是柔性制造系统(FMS)中的一个重要组成部分。

2) 拟人化

工业机器人在机械结构上有类似人的腿部、足部、腰部、大臂、小臂、手腕、手爪等部分。此外，智能化工业机器人还有许多类似人的"生物传感器"，如皮肤型接触传感器、力传感器、负载传感器、视觉传感器、声觉传感器、语言功能等。传感器提高了工业机器人对周围环境的自适应能力。

3) 通用性

除了专门设计的专用工业机器人外，一般工业机器人在执行不同的作业任务时具有较好的通用性。比如，更换工业机器人手部末端操作器(手爪、工具等)便可执行不同的作业任务。

4．工业机器人的应用

工业机器人主要被应用在以下三种场合：

◇ 环境恶劣或有危险的场合，某些领域的作业因有害健康或有生命危险等因素而不适于人工操作，必须用工业机器人完成，如核污染、有辐射、高温高热等环境。

◇ 特殊作业场合，某些场合因为空间狭小、环境真空等原因，只能采用工业机器人进行作业，比如卫星的回收、地底环境监测等。

◇ 自动化生产领域，某些高复杂性、高强度、高精度操作的作业，使用全年无休的工业机器人，可以有效降低人工成本，降低故障率，提升工作效率。

随着工业机器人向更深更广方向的发展，以及机器人智能化水平的提高，工业机器人的应用范围在不断扩大，在国防军事、医疗卫生等领域的应用也越来越多，如无人侦察机、警备机器人、医疗机器人等。

工业机器人技术涉及的学科相当广泛，但是归纳起来是机械学和微电子学的结合，也就是机电一体化技术。新型的智能机器人不仅具有获取外部环境信息的各种传感器，而且还具有记忆能力、语言理解能力、图像识别能力和推理判断能力，这些都和微电子技术的应用，特别是计算机技术的应用密切相关。因此，机器人技术的发展必将带动其他技术的发展，机器人技术的发展和应用水平也可以验证一个国家科学技术和工业技术的发展水平。

随着微电子技术的发展，各种视觉、力学、位置、速度和加速度等传感器技术与工业机器人控制系统的结合，工业机器人的性能、适应性和安全性得到了前所未有的提升，而单机价格却不断下降。工业机器人以其稳定、高效、低故障率等众多优势越来越多地取代人工劳动，成为现在和未来加工制造业的支撑技术和信息化社会的新兴产业。

在 2015 年举办的北京国际工业智能及自动化展会上，来自各国的近 200 家自动化企业，向参观者展示了各种自动化生产线及工业机器人的成功案例；在同年 10 月举办的深圳国际自动化及机器人展览会上，来自工业 4.0 产业联盟的十几家企业，集中展示了智慧工厂整体解决方案和真正的无人工厂实例。在这些应用实例中，自动生产线上的机器人不仅具备娴熟的装配技艺，相互之间还可以"沟通"——如果前一台机器人的装配速度提高，它会通知后一台机器人提前做好准备。不仅如此，这些机器人之间的相互沟通和配合，使它们可以脱离人工控制而完成生产任务。

由此可见，在智能制造体系中，工业机器人是支撑整个系统有序运作必不可少的关键硬件。工业机器人作为智能装备智能化的代表，是智能制造的基石，也是智能制造的重点方向。

4.1.2 智能传感器

智能传感器(Intelligent Sensor)是具有信息处理功能的传感器，它带有微处理器，具有采集、处理、交换信息的能力，是传感器集成化与微处理器相结合的产物。智能制造把智能传感器引入工业生产中，利用它独有的数据采集能力优势打造高度自动化的生产模式。

1．传感器

传感器是智能传感器的基础单元，它的作用主要是感受和测量物理世界的被测量物，将采集量按一定规律转换成有用输出：将非电量转换为电量。传感器的组成原理如图 4-3 所示。

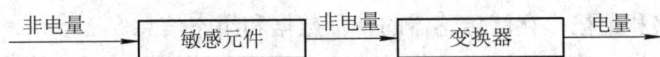

非电量 → 敏感元件 → 非电量 → 变换器 → 电量

图 4-3　传感器的组成

其中：

◇ 敏感元件，是传感器的重要组成部分，其作用是感受物理世界的信息并将其转变为电信息，完成非电量的预变换。

◇ 变换器，是将感受的非电量变换为电量的器件。例如电阻变换器和电感变换器，可将位移量直接变换为电容值、电阻值及电感值。变换器也是传感器不可缺少的重要组成部分。

在具体实现非电量到电量的变换时，并非所有的非电量都能利用现有的手段直接变换为电量，有些必须进行预变换，将待测的非电量变为易于转换成电量的另一种非电量。

2．智能传感器的结构

智能传感器中的微处理器可以对传感器的测量数据进行计算、存储和处理，也可以通过反馈回路对传感器进行调节。不仅如此，微处理器还可以使智能传感器具有双向通信功能，能通过工业以太网接口或无线接口，将测量的数据上传至传感器网络或现场工业网络中，从而实现数据的远端监控和校准等功能。

智能传感器的基本结构图如图 4-4 所示。

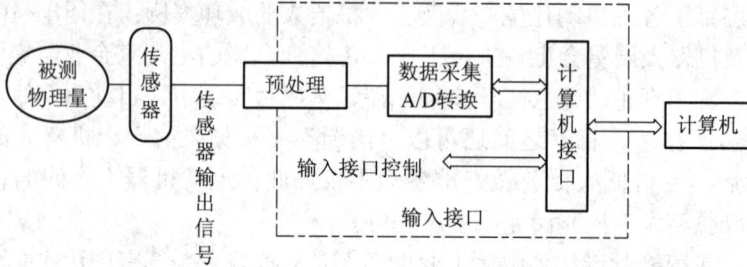

图 4-4　智能传感器基本结构图

3．智能传感器的特点

智能传感器与传统传感器相比较具有如下特点：

◇　自动补偿能力：通过微处理器的软件计算，对传感器的非线性、温度漂移、时间漂移、响应时间等方面的不足进行自动补偿。

◇　在线校准：操作者输入零值或某一标准量值后，自动校准软件可以自动对传感器进行在线校准。

◇　自诊断：接通电源后，可对传感器进行自检，检查传感器各部分是否正常，并可诊断发生故障的部件。

◇　数值处理：可以利用内部程序自动处理数据，如进行统计处理，剔除异常值等。

◇　双向通信：微处理器与传统传感器之间构成闭环，微处理器不但接收、处理传感器的数据，还可将信息反馈至传感器，对测量过程进行调节和控制。

◇　信息存储和记忆：存储传感器的特征数据和组态信息。

◇　数字量输出：输出数字通信信号，可方便地和计算机或现场线路相连。

4．智能传感器的实现

智能传感器的实现方式包括以下三种：

1) 非集成化实现

非集成式智能传感器是将传统传感器、信号调理电路以及具有数据总线接口的微处理器组合为一个整体的智能传感器系统。它是对传统传感器的二次包装和开发，其结构一般如图 4-5 所示。

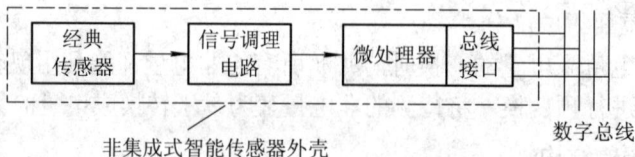

图 4-5　非集成式智能传感器

2) 集成化实现

这是指借助半导体技术，将传感器部分与信号放大调理电路、接口电路和微处理器单元等制作在一块芯片上的传感器，因此又可称为集成智能传感器。

3) 混合实现

这是指根据需要，将系统各个集成化环节如敏感单元、信号调理电路、微处理器单元、数字总线接口等，以不同的组合方式集成在两块或三块芯片上的传感器。混合实现方式传感器的结构如图 4-6 所示。

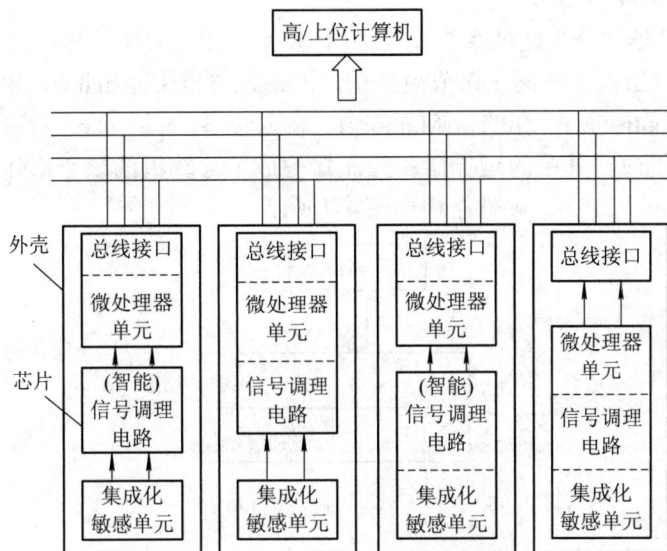

图 4-6　混合实现方式传感器结构图

5．应用

近年来，智能传感器已经广泛应用在航天、航空、国防、科技和工农业生产等各个领域中。特别是高科技的发展使智能传感器备受青睐。例如，智能传感器在智能机器人领域有着广阔的应用前景，因为智能传感器如同人的五官，可以使机器人具备各种人类感知功能。

新一代的高级智能传感器将成为工业自动化的心脏。以机器人行业为例，发展机器智能对人机交互技术、机器视觉技术都提出了更高的要求，这些必须依靠传感器技术来实现。传感器技术的革新和进步，势必会为机器人和其他自动化行业带来相应进步。

相对于传统制造业，以智能工厂为代表的未来制造业是一种理想的生产系统，能够智能地编辑产品特性、成本、物流管理、安全、时间以及可持续性等要素。将智能传感器应用于智能生产线和工业机器人，并将其采集到的实时生产数据、生产设备状态等上传至智能制造系统，可以有效监控生产线正常运作，减少人工干预，提高生产效率。作为现代信息技术重要支柱之一的智能传感器技术，必将成为工业领域在高新技术发展方面争夺的一个制高点。

4.1.3 智能终端

智能终端是一类智能化和网络化的嵌入式计算机系统设备。它能够感知环境信息，对采集的数据进行初步处理和加密，并通过网络，将数据传输至服务器或数据平台。不仅如此，为了向用户提供最佳的使用体验，智能终端还应当具有一定的判断能力，为用户选择最佳的服务通道。

1. 智能终端的体系结构

智能终端体系结构分为硬件系统和软件结构。从硬件上看，智能终端普遍采用的还是计算机的经典体系结构——冯·诺依曼结构，即由运算器(Calculator，也叫算术逻辑部件ALU)、控制器(Controller)、存储器(Memory)、输入设备(Input Device)和输出设备(Output Device)五大部件组成，其中的运算器和控制器构成了计算机的核心部件——中央处理器(Center Process Unit，CPU)。硬件结构如图4-7所示。

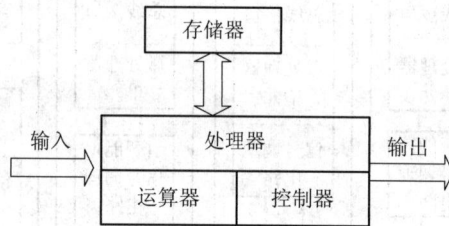

图4-7　硬件结构

由于目前通信协议栈不断增多，多媒体与信息处理任务也越来越复杂，某些通用的应用往往被放在独立的处理单元中去处理，从而形成一种松耦合的主从式多计算机系统。智能终端系统组成如图4-8所示。

图4-8　智能终端系统组成

每一个处理单元都可以看作一个单独的计算机系统，运行着不同的程序。按照其在智能终端硬件中的作用，可分为主处理单元和从处理单元。每个从处理单元(如基带处理单元、GPS单元和多媒体解码单元等)通过一定的方式与主处理单元(在图4-8中应用处理单元为主处理单元)通信，接受主处理单元的指令，进行相应的操作，并向主处理单元返回结果。这些特定的处理单元芯片往往是以ASIC(专用集成电路)的形式出现的，但实际上仍然是片上计算机系统。例如，常用的2.5G基带处理芯片实际上就是依靠内置的ARM946内核执行程序来实现GSM、GPRS等协议的处理。

计算机软件结构分为系统软件和应用软件。在智能终端的软件结构中，系统软件主要是操作系统和中间件。操作系统的功能是管理智能终端的所有资源(包括硬件和软件)，同时也是智能终端系统的内核与基石。操作系统是一个庞大的管理控制程序，大致包括 5 个方面的管理功能：进程与处理机管理、作业管理、存储管理、设备管理、文件管理。常见的智能终端操作系统有 Linux、Windows CE、iPhone OS 等。中间件一般包括函数库和虚拟机，使得上层的应用程序能在一定程度上脱离下层的硬件和操作系统。应用软件则提供用户直接使用的功能，满足用户需求。

从提供功能的层次来看，操作系统提供底层 API(应用程序编程接口)，中间件提供高层 API，而应用程序提供与用户交互的接口。在某些软件结构中，应用程序可以跳过中间件，而直接调用部分底层 API 来使用操作系统提供的底层服务。以 Google 公司主导的 Android 智能终端软件平台为例，在操作系统层次上为 Linux。在中间件层次上还可以细分为两层，下层为函数库和 Dalvik 虚拟机，上层为应用程序框架，通过该框架，可以使某个应用发布的服务能为其他应用所使用。最上层的应用程序使用下层提供的服务，来最终为用户提供应用功能。

2．智能终端的硬件系统

智能终端硬件系统以主处理器内核为核心，可分为 3 个层次来进行描述，分别是主处理器内核、SoC(片上系统)级设备和板级设备。主处理器内核与 SoC 级设备使用片内总线互连，板级设备则一般通过 SoC 级设备与系统连接。

CPU 和内部总线构成了一个一般的计算机处理器内核，提供核心的运算和控制功能。考虑到系统的成本和可靠性，一般而言会把一些常用的设备和处理器内核集成在一个芯片上，例如 Flash 控制器、Mobile DDR 控制器、UART(通用异步收发器)控制器、存储卡控制器、LCD(液晶显示器)控制器等。板级设备一般通过通信接口与主 CPU 连接，通常是一些功能独立的处理单元(如移动通信处理单元、GPS 接收器)或者交互设备(如 LCD 显示屏、键盘等)。

板级设备是不与处理器内核在同一芯片上的其他设备，称其为板级设备，主要是从与主处理器内核关系的角度出发的，从架构上看，其本身可能也是一个完整的计算机系统，例如 GPS 接收器里也集成了 ARM 内核来通过接收的卫星信号计算当前的位置。板级设备通常使用数据接口与主处理器连接，例如，GPS 接收器一般使用 UART 接口与主处理器交换数据。板级设备非常丰富，主要有以下几类：

- ✧ 存储类：如内存芯片、Flash 芯片等。
- ✧ 移动通信处理部分：主要提供对移动通信的支持，包括基带处理芯片和射频芯片。基带处理芯片用来合成即将发射的基带信号，或对接收到的基带信号进行解码，一般是微处理器+数字信号处理器的结构，使用 UART 接口与主处理器相连接。射频芯片则负责发送和接收基带信号。
- ✧ 通信接口类：如蓝牙控制器、红外控制器、WiFi 网卡等。
- ✧ 交互类：如扬声器、麦克风、键盘、LCD 显示屏等。
- ✧ 传感器类：如摄像头、加速度传感器、GPS 等。

3．智能终端的发展趋势

1) 智能设备形式多样化，向更多行业渗透

随着移动芯片技术、传感器技术、软件技术的快速进步以及操作系统向车载系统、企业/行业平板、可穿戴设备、M2M(机器与机器)设备、智能机器人、电子书等的扩展，智能终端的行业范围和规模将进一步扩大，相关技术和市场将获得更大发展空间。同时，更多的行业将进入智能化升级阶段，通过移动智能终端和云计算，家庭、企业、物流、能源、服务之间将实现信息交换和共享，提高社会经济的运行效率。可穿戴的智能设备、智能汽车等将深刻影响人们的生活方式，相关行业也将迎来新的发展机遇。

2) 从智能终端到智能硬件和机器智能，开启智能化时代

智能化浪潮正由智能终端向智能硬件和机器智能发展，一个智能化新时代即将开启。智能手机的爆发式增长已经过去，将逐步迈入结构调整期。而同时，可穿戴设备等泛智能终端正在改变人机协同方式，成为下一个市场爆发点。未来，智能终端在新工业革命的大背景下，将加速向制造业等传统领域扩展，无所不在并且彼此互联的智能终端将推动基础工业机器的智能化。

智能终端作为最终下沉至用户端的主要连接硬件，正成为构建智能制造体系的重要入口。在未来，将会有更多的行业凭借配套的智能终端产品彻底改变自身的生产经营模式，有效提高生产经营效率，减少运行成本，提升用户体验。以智能终端为切入点，构建垂直细分领域的智能制造产业体系，将机器、服务、人、产品连接起来，是制造企业下一步的重要发展方向。

4.2 工业识别

工业识别是实现智能制造技术的基础。未来的智能工厂将实现高度互联与集成，而编码与识别技术是企业实现设备互联、信息集成与共享的基础。工业识别技术能够为生产、物流过程实时提供准确的信息，助力企业实现智能制造。

4.2.1 机器视觉技术

机器视觉系统是指用计算机实现人的视觉功能，也就是用计算机来实现对客观的三维世界的识别。人类视觉系统的感受部分是视网膜，它是一个三维采样系统，三维物体的可见部分投影到视网膜上，人们按照投影到视网膜上的二维的像来对该物体进行三维理解(对被观察对象的形状、尺寸、离开观察点的距离、质地和运动特征等的理解)。

1. 机器视觉系统的组成

机器视觉系统主要由三部分组成：图像的获取、图像的处理和分析、图像的输出或显示。图像的获取实际上是将被测物体的可视化图像和内在特征转换成能被计算机处理的一系列数据，它主要由三部分组成：照明、图像聚焦形成、图像确定和形成摄像机输出信号。视觉信息的处理主要依赖于图像处理技术，它包括图像增强、数据编码和传输、平滑、边缘锐化、分割、特征抽取、图像识别与理解等内容。经过这些处理后，输出图像的质量得到相当程度的提升，既改善了图像的视觉效果，又便于计算机对图像进行分析、处理和识别。

机器视觉系统主要是利用颜色、形状等信息来识别环境目标。以机器人对颜色的识别

为例：当摄像头获得彩色图像以后，机器人上的嵌入计算机系统将模拟视频信号数字化，将像素根据颜色分成两部分——感兴趣的像素(搜索的目标颜色)和不感兴趣的像素(背景颜色)。然后，对这些感兴趣的像素进行 RGB 颜色分量的匹配。

2．机器视觉的应用

机器视觉技术伴随计算机技术与现场总线技术的发展已日臻成熟，成为现代加工制造业不可或缺的部分，广泛应用于食品和饮料、化妆品、制药、建材和化工、金属加工、电子制造、包装、汽车制造等行业的各个方面。

在流水化作业生产、产品质量检测方面，有时需要由工作人员观察、识别、发现生产环节中的错误和疏漏。若引入机器视觉取代传统的人工检测方法，能极大地提高生产效率和产品的良品率。

同时，机器视觉技术还能在检测超标准烟尘及污水排放等方面发挥作用。利用机器视觉，能够及时发现机房及生产车间的火灾、烟雾等异常情况。利用机器视觉中的面相检测和人脸识别技术，可以帮助企业加强出入口的控制和管理，提高管理水平，降低管理成本。

近年来新兴行业的发展，也为机器视觉拓展了新的市场空间。

1) 太阳能领域

太阳能电池和模块的生产者可以使用机器视觉，装配、检测、识别和跟踪产品。

2) 交通监控领域

可以利用车牌识别技术，发现违章停车、逆行、交通肇事车辆等。

3) 自然灾害领域

在对地震、山体滑坡、泥石流、火山喷发的发现、识别、防范以及对河流水文状况的监测等领域，机器视觉技术都有巨大应用空间等待发掘。

4) 工业领域

根据检测性质和应用范围，机器视觉技术的工业应用分为定量和定性检测两大类，每类又分为不同的子类。在工业在线检测的各个领域，机器视觉技术都十分活跃，如：印刷电路板的视觉检查、钢板表面的自动探伤、大型工件平行度和垂直度测量、容器容积或杂质检测、机械零件的自动识别分类和几何尺寸测量等。此外，许多场合使用其他方法难以完成检测任务，机器视觉系统则可出色胜任。机器视觉正越来越多地在工业领域代替人类视觉，这无疑很大程度上提高了生产的自动化水平和检测系统的智能水平。

3．智能工厂对机器视觉的需求

机器视觉在智能工厂中扮演着重要的角色，可以有效增加产能、提高产品合格率。在选择小型机器视觉系统时，传统工业智能相机的优势是体积小、集成度高、便于开发使用；嵌入式机器视觉系统的优势则在于配置相当有弹性，可配备较高等级的 CPU 处理器，支持多通道相机，并具备高扩展性。

在选用机器视觉系统时，需要考虑以下因素：

1) 处理器计算性能

在机器视觉图像采集与分析的过程中，处理器的计算能力至关重要。图像数据采集到系统后，必须通过系统处理器进行计算与图像质量优化，因为受限于 CPU 计算资源，能够处理的图像数据量也会受到限制。然而，若能通过 FPGA 的支持，将图像的矩阵计算在交给 CPU 计算之前做好过滤以及优化处理，则可大幅加速图像处理的性能，降低 CPU 负担，一方面，可以把系统资源留给机器视觉系统的核心——图像算法，另一方面，还可更实时地处理大数据量的图像，让高速及复杂的图像处理与分析得以实现。

2) 图像传感器的优劣

图像传感器是机器视觉系统的灵魂，直接影响着图像的质量。如果要将机器视觉应用在高端高速的检测应用上，那么传感器的质量和尺寸就会成为选用系统时必须考虑的要点。

3) 生产线环境

工厂的环境通常是较为恶劣的，例如在饮料生产的包装线上，系统可能会直接接触到液体，而在工具机加工的环境中，则是充满切削工件的恶劣环境。如果机器视觉系统需要就近配置在严苛的生产线环境中，则应根据需求，确定是否选用具备防水、防尘能力的产品。

4) 软件开发环境

软件解决方案开发的难易度与整合度的高低，是所有导入智能化系统的工程人员心中的一大担忧，也往往是决定项目成败的最重要因素。如何缩短开发时间，降低开发成本是关键。

由于机器视觉系统可以快速获取大量信息，易于自动处理也便于集成设计信息和加工控制信息，因此，在现代自动化生产过程中，机器视觉系统广泛应用于工况监视、成品检验和质量控制等领域。机器视觉系统的特点是能够提高生产的柔性和自动化程度。在大批量工业生产过程中，用人工视觉检查产品质量效率低且精度不高，用机器视觉检测方法则可大大提高生产效率和生产的自动化程度，而在一些不适合人工作业的危险环境，或者人工视觉难以满足要求的场合，也常用机器视觉替代人工视觉。

传统制造业的颠覆性转型升级，将给中国自动化行业带来巨大的市场机遇，而机器视觉作为自动化领域的高智能产品，未来将具有巨大的发展潜力。

4.2.2　射频识别技术

射频识别(Radio Frequency Identification, RFID)技术，是一种利用射频通信实现的非接触式自动识别技术。在 RFID 系统中，识别信息存放在电子数据载体中，电子数据载体称为应答器，应答器中存放的识别信息由阅读器读写。目前，射频识别(RFID)技术最广泛的应用是各类 RFID 标签和卡的读写和管理。

1. 射频识别技术的标准

RFID 标准有很多，分层次来看，主要有国际标准、国家标准和行业标准。

◇　国际标准，是由国际标准化组织(ISO)和国际电工委员会(IEC)制定的。

◇　国家标准，是各国根据自身国情制定的有关标准。我国国家标准制定的主管部门是工业和信息化部与国家标准化管理委员会，RFID 的国家标准正在制定中。

◇　行业标准，典型一例是由国际物品编码协会(EAN)和美国统一代码委员会

(UCC)制定的 EPC 标准，主要应用于物品识别。

ISO/IEC 制定的 RFID 标准可以分为技术标准、数据内容标准、性能标准和应用标准 4 类，如表 4-1 所示。

表 4-1　RFID 标准

分　类	标准号	说　明
技术标准	ISO/IEC 10536	密耦合非接触式 IC 卡标准
	ISO/IEC 14443	近耦合非接触式 IC 卡标准
	ISO/IEC 15693	疏耦合非接触式 IC 卡标准
	ISO/IEC 18000	基于货物管理的 RFID 空中接口参数
	ISO/IEC 18000-1	空中接口一般参数
	ISO/IEC 18000-2	低于 135 kHz 频率的空中接口参数
	ISO/IEC 18000-3	13.56 MHz 频率下的空中接口参数
	ISO/IEC 18000-4	2.45 GHz 频率下的空中接口参数
	ISO/IEC 18000-6	860～930 MHz 的空中接口参数
	ISO/IEC 18000-7	433 MHz 频率下的空中接口参数
数据内容标准	ISO/IEC 15424	数据载体/特征识别符
	ISO/IEC 15418	EAN、UCC 应用标识符及 ASC MH10 数据标识符
	ISO/IEC 15434	大容量 ADC 媒体用的传送语法
	ISO/IEC 15459	物品管理的唯一识别号(UID)
	ISO/IEC 15961	数据协议：应用接口
	ISO/IEC 15962	数据编码规则和逻辑存储功能的协议
	ISO/IEC 15963	射频标签(应答器)的唯一标识
性能标准	ISO/IEC 18046	RFID 设备性能测试方法
	ISO/IEC 18047	有源和无源的 RFID 设备一致性测试方法
	ISO/IEC 10373-6	按 ISO/IEC 14443 标准对非接触式 IC 卡进行测试的方法
应用标准	ISO/IEC 10374	货运集装箱标识标准
	ISO/IEC 18185	货运集装箱密封标准
	ISO/IEC 11784	动物 RFID 的代码结构
	ISO/IEC 11785	动物 RFID 的技术准则
	ISO/IEC 14223	动物追踪的直接识别数据获取标准
	ISO/IEC 17363 和 17364	一系列物流容量(如货盘、货箱、纸盒等)识别的规范

2．射频识别技术的特征

射频识别作为一种特殊的识别技术，区别于传统的条码、插入式 IC 卡和生物(例如指纹)识别技术，具有下述特征：

◇　通过电磁耦合方式实现的非接触自动识别技术。

◇　需要利用无线电频率资源，并且须遵守无线电频率使用的众多规范。

◇　由于存放的识别信息是数字化的，因此通过编码技术可以方便实现多种应用。

◇ 可以方便地进行组合建网，以完成多种规模的系统应用。

◇ 涉及计算机、无线数字通信、集成电路、电磁场等众多学科。

3. 射频识别技术的基本原理

在 RFID 系统中，射频识别部分主要由阅读器和应答器两部分组成，阅读器与应答器之间的通信采用无线的射频方式进行耦合。在实践中，由于对距离、速率及应用的要求不同，需要的射频性能也不尽相同，所以射频识别涉及的无线电频率范围也很广。

射频识别过程在阅读器和应答器之间以无线射频的方式进行，其识别过程基本原理如图 4-9 所示。

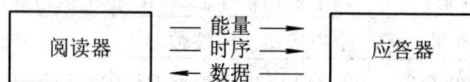

图 4-9　RFID 基本原理框图

阅读器和应答器之间的交互主要靠能量、时序和数据三个方面来完成：

◇ 阅读器产生射频载波为应答器提供工作所需能量。

◇ 阅读器与应答器之间的信息交互通常采用询问–应答的方式进行，所以必须有严格的时序关系，该时序也由阅读器提供。

◇ 阅读器与应答器之间可以实现双向数据交换，阅读器给应答器的命令和数据通常采用载波间隙、脉冲位置调制、编码解调等方法实现传送；应答器存储的数据信息采用对载波的负载调制方式向阅读器传送。

4. 射频识别技术的工作频率

在无线电技术中，不同的频段有不同的特点和技术。实践中不同频段的 RFID 实现技术差异很大。从这一角度而言，RFID 技术的空中接口几乎覆盖了无线电技术的全频段，具体如表 4-2 所示。

表 4-2　RFID 主要频段标准及特性

	低　频	高　频	超高频	微　波
工作频率	125～134 kHz	13.56 MHz	433 MHz 868～915 MHz	2.45 GHz 5.8 GHz
读取距离	<60 cm	0～60 cm	1 m～100 m	1 m～100 m
速度	慢	快	快	很快
方向性	无	无	部分有	有
现有的 ISO 标准	11784/85，14223	14443/15693	EPC C0,C1,C2,G2	18000-4
主要应用范围	进出管理、固定设备管理	图书馆、产品跟踪、公交消费	货架、卡车、拖车跟踪	收费站、集装箱

5. 耦合方式

根据射频耦合方式的不同，RFID 可以分为电感耦合(磁耦合)和反向散射耦合(电磁场耦合)两大类。

1) 电感耦合

电感耦合也叫做磁耦合，是阅读器和应答器之间通过磁场(类似变压器)的耦合方式进行射频耦合，能量(电源)由阅读器通过载波提供。由于阅读器产生的磁场强度受到电磁兼容性能的有关限制，因此一般工作距离都比较近。

高频和低频 RFID 主要采用电感耦合的方式，即频率为 13.56 MHz 和小于 135 kHz。工作距离一般在 1 米以内，其耦合方式结构框图如图 4-10 所示。

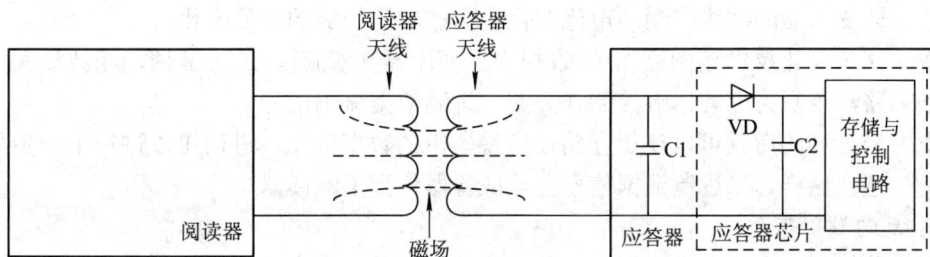

图 4-10　电感耦合的电路结构

电感耦合的 RFID 系统中，阅读器与应答器之间耦合工作原理如下所述。

◇　阅读器通过谐振在阅读器天线上产生一个磁场，当在一定距离内，部分磁力线会穿过应答器天线，产生一个磁场耦合。

◇　由于在电感耦合的 RFID 系统中所用的电磁波长(低频 135 kHz 波长为 2400 米，高频 13.56 MHz 为 22.1 米)比两个天线之间的距离大很多，所以两线圈间的电磁场可以当做简单的交变磁场。

◇　穿过应答器天线的磁场通过感应会在应答器天线上产生一个电压，经过 VD 的整流和对 C2 充电、稳压后，电量保存在 C2 中，同时 C2 上产生应答器工作所需要的电压。

阅读器天线和应答器天线也可以看做一个变压器的初、次级线圈，只不过它们之间的耦合很弱。因为电感耦合系统的效率不高，所以这种方式主要适用于小电流电路，应答器的功耗大小对工作距离有很大影响。

在电感耦合方式下，应答器向阅读器的数据传输采用负载调制的方法，其原理如图 4-11 所示。

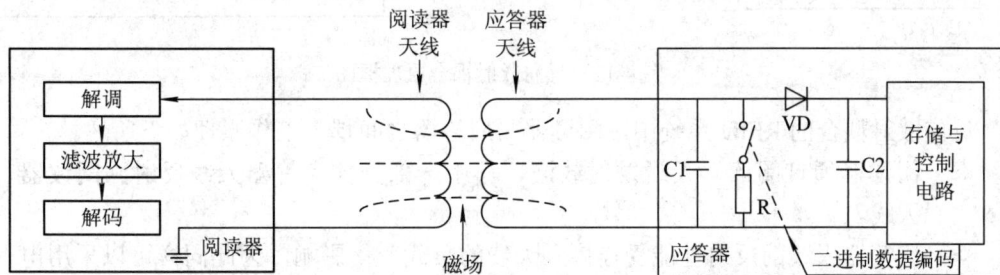

图 4-11　负载调制

图 4-11 中所示为电阻负载调制，本质是一种振幅调制(也称为调幅 AM)，以调节接入电阻 R 的大小可改变调制度的大小。实践中，常通过接通或断开接入电阻 R 来实现二进制的振幅调制。其工作步骤如下：

◇ 如果在应答器中以二进制数据编码信号控制开关 S，则应答器线圈上的负载电阻 R 按二进制数据编码信号的高低电平变化而接通和断开。

◇ 负载的变化通过应答器天线到阅读器天线，进而产生相同规律变化的信号，即变压器的次级线圈的电流变化，会影响到初级的电流变化。

◇ 在该变化反馈到阅读器天线(相当于变压器初级)后，通过解调、滤波放大电路，恢复为应答器端控制开关的二进制数据编码信号。

◇ 经过解码后就可以获得存储在应答器中的数据信息，进而可以进行下一步处理。这样，二进制数据信息就从应答器传到了阅读器。

2) 反向散射耦合

反向散射耦合也称电磁场耦合，其理论和应用基础来自雷达技术。当电磁波遇到空间目标(物体)时，其能量的一部分被目标吸收，另一部分以不同的强度被散射到各个方向。在散射的能量中，一小部分反射回了发射天线，并被该天线接收(发射天线也是接收天线)，对接收信号进行放大和处理，即可获取目标的有关信息。

一个目标反射电磁波的效率由反射横截面来衡量。反射横截面的大小与一系列参数有关，如目标大小、形状和材料、电磁波的波长和极化方向等。由于目标的反射性能通常随频率的升高而增强，所以反向散射耦合方式通常采用在超高频(包括 UHF 和 SHF)RFID 系统中，应答器和阅读器的距离大于 1 米。反向散射耦合的原理框图如图 4-12 所示。

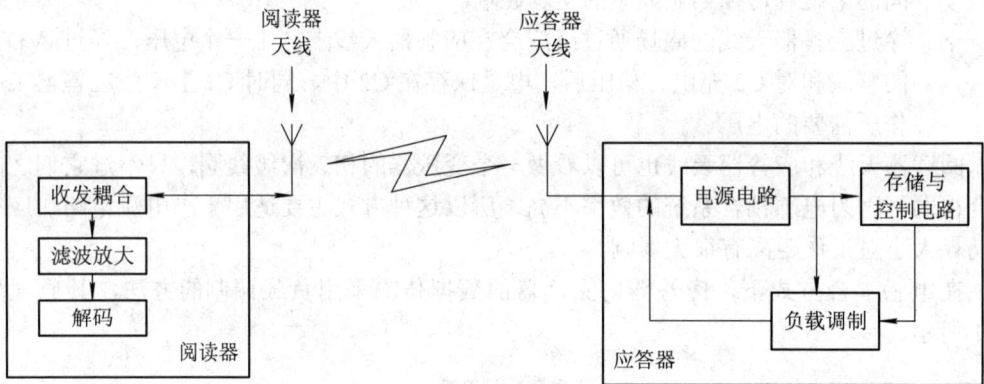

图 4-12　反向散射耦合原理框图

反向散射耦合的 RFID 系统中，阅读器与应答器之间耦合工作原理如下所述。

◇ 阅读器通过阅读器天线发射载波，其中一部分被应答器天线反射回阅读器天线。

◇ 应答器天线的反射性能受连接到天线的负载变化影响，因此同样可以采用电阻负载调制的方法实现反射的调制。

◇ 阅读器天线收到携带有调制信号的反射波后，经收发耦合、滤波放大后经解码电路获得应答器发回的信息。

◇　采用反向散射耦合方式的应答器按能量的供给方式分为无源和有源两种。

◇　无源应答器的能量由阅读器通过天线提供。但是在 UHF 和 SHF 频率范围，有关电磁兼容的国际标准对阅读器所能发射的最大功率有严格的限制，因此在有些应用中，应答器采用完全无源方式会有一定困难。

◇　应答器上安装附加电池成为有源应答器。当应答器进入阅读器的作用范围时，应答器由获得的射频功率激活，进入工作状态。为防止电池不必要的消耗，应答器平时处于低功耗模式。

6. 射频识别系统的组成

RFID 系统由阅读器、应答器和高层等部分组成，其结构如图 4-13 所示。

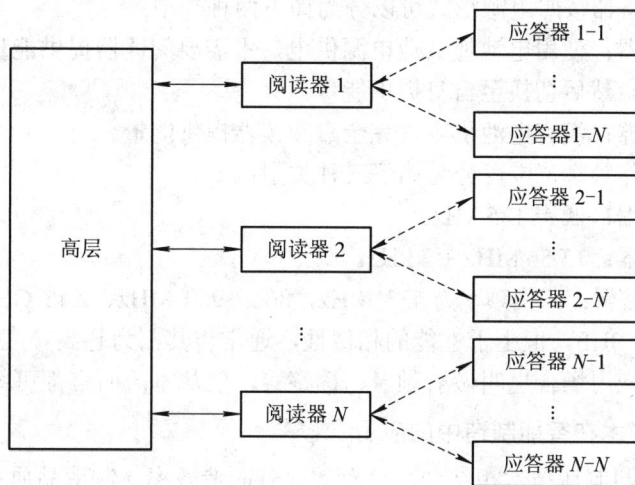

图 4-13　RFID 系统组成

最简单的应用系统只有一个阅读器，它一次对一个应答器进行操作，例如公交汽车上的刷卡系统。较复杂的应用需要一个阅读器可同时对多个应答器进行操作，要具有防碰撞(也称防冲突)的能力。更复杂的应用系统要解决阅读器的高层处理问题，包括多阅读器的网络连接等。

1) 高层

对于由多阅读器构成网络架构的信息系统，高层是必不可少的。例如采用 RFID 门票的世博会票务系统，需要在高层将多个阅读器获取的数据有效地整合起来，提供查询、历史档案等相关管理和服务。更进一步，通过对数据的加工、分析和挖掘，为正确决策提供依据，这就是常说的信息管理系统和决策系统。

2) 阅读器

阅读器在具体应用中常称为读写器(这两种名称本书将不加区别)，是对应答器提供能量、进行读写操作的设备。虽然因频率范围、通信协议和数据传输方法的不同，各种阅读器在某些方面会有很大的差异，但阅读器通常具有一些相同的功能，如下所述。

◇　以射频方式向应答器传输能量。

◇　读写应答器的相关数据。

◇　完成对读取数据的信息处理并实现应用操作。

◇ 若有需要，应能和高层处理交互信息。

阅读器的频率决定了 RFID 系统工作的频段，其功率决定了射频识别的有效距离。阅读器根据使用的技术不同可以是读或者读/写装置，它是 RFID 系统信息控制和处理的中心。

3) 应答器

从技术角度来说，RFID 的核心在应答器，阅读器是根据应答器的性能而设计的。但是由于封装工艺等问题，应答器的设计和生产通常由专业的设计厂商和封装厂商完成，普通用户没有能力也无法接触到这一领域。

目前应答器趋向微型化和高集成度，关键技术在于材料、封装和生产工艺，重点突出应用而非设计。应答器按照电源形式可以分为如下两种类型：

◇ 有源应答器：使用电池或其他电源供电，不需要阅读器提供能量。通常靠阅读器唤醒，然后切换至自身提供能量。

◇ 无源应答器：没有电池供电，完全靠阅读器提供能量。

应答器按照工作频率范围可分为如下三种类型：

◇ 低频应答器：低于 135 kHz。

◇ 高频应答器：13.56 MHz ± 7 kHz。

◇ 超高频应答器：工作频率为 433 MHz，866~960 MHz、2.45 GHz 和 5.8 GHz（虽然属于 SHF，但由于性能的相似性，通常将其归为超高频应答器范围）。

应答器在某些应用场合也叫做射频卡、标签等，但从本质而言都可统称为应答器。

7. 射频识别技术在智能制造中的应用

将 RFID 技术与制造技术相结合，可有效提升制造效率、制造品质和企业管理水平。在制造过程中，应用 RFID 技术具有以下优势：

◇ 实现各种生产数据采集的自动化和实时化，弥补企业计划层与控制层之间的"信息断层"，及时掌握生产计划和生产线生产状态。

◇ 有效跟踪、管理和控制生产所需资源和在制品，实现生产过程的透明化和可视化管理。

◇ 加强生产现场物料配送的及时性和准确性，降低装配差错率；加强生产过程质量监控和跟踪能力，提高产品质量和生产线整体生产效率。

借助 RFID 技术在识别、感知、联网、定位等方面的强大功能，将其应用于复杂零件制造过程管理，可有效提升其制造效率和品质。RFID 技术在智能制造中的应用主要有以下几个方面：

1) RFID 技术的数字化车间

RFID 在数字化车间中的应用主要包括产品管理、设备智能维护、车间混流制造。采用 RFID 技术可实现产品与主机之间的信息交互、产品的可视化跟踪管理、元器件寿命定量监控与预测。此外，可通过集成 RFID 技术的智能传感器在线监测设备关键部位运转情况，并通过网络与后台服务器通信，实现加工设备性能特征的在线监测、运行状态评估与风险预警、设备早期故障诊断与专家支持；可通过工业现场总线网络与 MES 等系统集成，实现工艺路线、加工装备、加工程序等的智能选择、加工/装配状态可视化跟踪以及生产过程的实时监控。

2) 基于 RFID 技术的智能产品全生命周期管理

智能化是机电产品未来发展的重要方向和趋势,产品智能化的关键之一,在于如何实现其全生命周期信息的快速获取和共享。RFID 技术与传感器技术的有效集成能实时、高效地获取产品在加工、装配、服役等阶段的状态信息,同时通过网络传输使生产商及时掌握所生产的产品全生命周期的工况信息,为制造企业后台服务支撑、远程指令下达以及用户的个性化设计改进提供有力的数据支持。目前,这一技术已经在工程机械、智能家电等领域得到成功应用,展现出良好的应用前景。

3) 基于 RFID 技术的制造物流智能化

将 RFID 系统与制造企业自动出入库系统集成,可实现在制品和货品出入库自动化与货品批量识别。另外,RFID 技术和 GPS 技术的集成,可以实现制造企业在制品精确定位,同时通过网络传输,实现物流信息共享与产品全程监控,从而优化企业采购过程。将智能物流系统与企业 ERP(企业管理软件)、MES(生产执行系统)系统无缝对接,可以实现快速响应订单并减低产品库存,提升制造企业在制品物流管理的智能化水平。目前,RFID 技术已经在车间物流管理、供应链管理以及物流园管理中得到成功应用,可进一步推广应用到制造企业全物流管理系统中。

将 RFID 技术应用于智能制造领域,将促进智能制造技术的发展,拓展智能制造的研究领域,加快智能制造领域的技术创新,逐步减少高品质产品制造对专家的依赖性,彻底改变现有生产方式和制造业竞争格局。

4.2.3　工 厂 物 联 网

工厂物联网是物联网技术在制造企业或智能工厂中的应用,它指通过传感器技术、标识识别技术、图像视频技术、定位技术等感知技术,实时感知企业或工厂中需要监控、连接和互动的装备,并构建企业办公室的信息化系统,打通办公信息化系统与生产现场设备的直接联系。

工厂物联网从下至上由三个层次构成,包括感知控制层、网络层和应用层。生产指标由企业信息化系统通过网络层自动下达至机器的执行系统;生产结果由感知控制层自动采集并通过网络层上传至应用层(一般是企业信息化系统),并在生产现场实现智能化的自动监控和报警;还可在云制造平台上对大数据进行分析挖掘,提高生产制造的智能化水平。

1. 工厂物联网的技术优势

物联网集成了 RFID、传感器、无线网络、中间件、云计算等新技术,其发展会极大地促进各行业的信息化进程,实现物与物、人与物的自动化信息交互与处理。物联网技术在制造业中的应用优势可归纳为以下几点:

◇　产品智能化:产品中加入大量电子技术元素,实现产品功能的智能化。例
　　　如,通过在产品中植入 RFID 芯片,记录产品的静态信息,如出厂日期、编
　　　号、产品类型等;通过在产品中植入智能传感器,可记录设备运行数据,如
　　　检测设备的运行状态等,并通过网络传送至后台信息系统中。

◇ 实时售后服务：通过无线网络，获取全球范围内产品运行的状态信息，经过后台信息化系统的分析、处理、反馈，实施在线售后服务，提高服务水平。

◇ 过程监控与管理：工厂可以通过以太网或现场总线，采集生产设备的运行状态数据，实施生产控制和设备维护，包括供需转换、工时统计、部件管理、产品状况质量在线监测和设备状况监测与节能等。

◇ 物流管理：在工厂内外的物流设备中植入 RFID，实现对物品位置、数量、交接的管理和控制，提高物流流通效率，对特殊储藏要求的货品实施在线监测与防伪，实现了信息在真实世界和虚拟空间之间的智能化流动。

2. 基于物联网的智能制造产业发展趋势

物联网与智能制造技术相结合，对智能制造产业的发展产生了深远的影响。基于物联网的智能制造产业发展趋势有以下几个方面：

1) 制造过程向全球化的协同创新发展

随着企业逐渐实现跨国的产品开发、营销和服务，对信息系统提出了支持多语种、多工厂、多个企业实体的开发与管理需求，以及全球协作开发的需求。工业发达国家的许多企业将信息化技术综合集成，并广泛应用于研发、管理、财务运作、营销、服务等核心业务，实现了产品研制、采购、销售等在全球范围内的协作，在全球范围进行资源的优化配置。

2) 生产和研发向精益化的方向发展

通过整合各种产品生产、服务反馈的数据，企业把物理世界与数字世界充分关联起来，为企业提供一种企业级的产品数字化样机开发环境，使产品的质量与可靠性有了系统的保障。同时，高度的信息共享，使企业可以通过优化业务流程和资源配置，强化运行细节管理和过程管理，追求持续改进，推动企业不断适应内外环境变化，提高核心竞争力和创造效益的能力，达到精益管理，从而提高制造业生产力。

3) 制造设计从高能耗向低能高效转变

将物联网的应用与"绿色、环保、节能、低碳经济"的发展理念紧密结合，充分利用物联网技术，实现更精细、更简单、更高效的管理，帮助企业创造更大的经济效益和社会效益，实现智能制造绿色设计和绿色制造的行业要求。

3. 工厂物联网的应用

物联网技术应用于生产线过程检测、实时参数采集、生产设备与产品监控管理、材料消耗监测等环节，可以大幅度提高生产智能化水平。比如在钢铁行业，利用物联网技术，企业可以在生产过程中实时监控加工产品的宽度、厚度、温度等参数，提高产品质量，优化生产流程。

物联网技术与工厂生产设备的融合，可对工厂在生产过程中产生的各种污染源进行实时监控。把传感器应用到设备、油气管道中，可以感知危险环境中工作人员、设备机器、周边环境等方面的安全状态信息等，还可对危险物品的运输进行监控，准确描述每一批运输物料的特征，从而追踪到每一个货柜或散货中的原物料，为运输提供更多的安全保障；除对危化品进行全程跟踪和监控以外，利用 RFID 还可以追踪和管理油气资源设施间的输送环节，提高油气运输安全性；RFID 亦可远程遥控油气管道的阀门开关，平衡油气流动，进而使设备的管理更加智能化。

由于经济效益和社会效益明显，物联网在智能工厂中具有广泛的应用前景。基于物联网技术的智能工厂至少可以实现五大功能，即：电子工单、生产过程透明化、生产过程可控化、产能精确统计、车间电子看板。这些功能不仅可以实现制造过程中资讯的视觉化，也会对生产管理和决策产生影响。

4.3　信息技术

信息技术是用于管理和处理信息的各种技术的总称，它运用计算机科学和通信技术，设计、开发、安装和实施信息系统及应用软件。

随着信息化在全球的快速发展，信息技术已成为支撑当前经济活动和社会生活的基石。信息技术代表着先进生产力的发展方向，其广泛应用让信息作为重要生产要素的作用得以发挥，使人们能更高效地进行资源优化配置，从而推动传统产业不断升级，提高社会劳动生产率和社会运行效率。

4.3.1　工业大数据

1. 数据爆炸的时代

近年来，随着互联网、物联网、云计算等信息技术与通信技术的迅猛发展，数据量的暴涨成了许多行业共同面对的严峻挑战和宝贵机遇。随着制造技术的进步和现代化管理理念的普及，制造业企业的运营越来越依赖信息技术。如今，制造业整个价值链以及制造业产品的整个生命周期都涉及诸多的数据。

如图 4-14 所示，制造业企业需要管理的数据种类繁多，涉及大量结构化数据和非结构化数据：

♦　产品数据：设计、建模、工艺、加工、测试、维护数据、产品结构、零部件配置关系、变更记录等。

♦　运营数据：组织结构、业务管理、生产设备、市场营销、质量控制、生产、

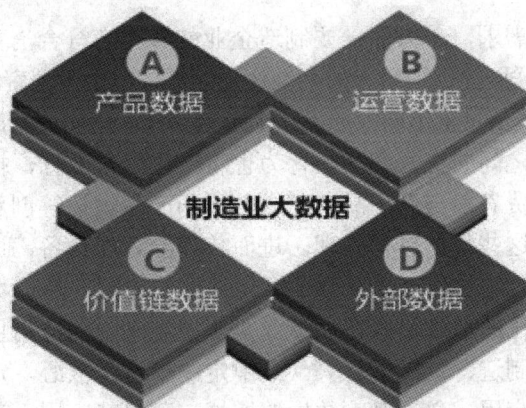

图 4-14　制造业大数据

采购、库存、目标计划、电子商务等。

◇ **价值链数据**：客户、供应商、合作伙伴等。

◇ **外部数据**：经济运行数据、行业数据、市场数据、竞争对手数据等。

随着大规模定制和网络协同的发展，制造业企业还需要实时从网上接收众多消费者的个性化定制数据，并通过网络协同，配置各方资源、组织生产并管理更多各类有关数据。

2．大数据的价值

大数据可能带来的巨大价值正在被传统产业认可，它通过技术创新与发展，以及数据的全面感知、收集、分析和共享，为企业管理者和参与者呈现出看待制造业价值链的全新视角。工业大数据的价值具体体现在以下两个方面：

1）实现智能生产

在智能制造体系中，通过物联网技术，使工厂/车间的设备传感层与控制层的数据和企业信息系统融合，将生产大数据传送至云计算数据中心进行存储、分析，以便形成决策并反过来指导生产。

具体而言，生产线、生产设备都将配备传感器抓取数据，然后经过无线通信连接互联网传输数据，对生产本身进行实时监控，而生产所产生的数据同样经过快速处理、传递，反馈至生产过程中，将工厂升级成为可以管理和自适应调整的智能网络，使得工业控制和管理最优化，最大限度利用有限资源，从而降低工业和资源的配置成本，使得生产过程能够高效地进行。

过去，设备运行过程中，其自然磨损本身会使产品的品质发生一定的变化。而由于信息技术、物联网技术的发展，现在可以通过传感技术，实时感知数据，知道产品出了什么故障，哪里需要配件，使得生产过程中的这些因素能够被精确控制，真正实现生产智能化。因此，在一定程度上，工厂/车间的传感器所产生的大数据直接决定了智能制造所要求的智能化设备的智能水平。

此外，从生产能耗角度看，设备生产过程中利用传感器集中监控所有的生产流程，能够发现能耗的异常或峰值情况，由此能够在生产过程中不断实时优化能源消耗。同时，对所有流程的大数据进行分析，也将会整体上大幅降低生产能耗。

2）实现大规模定制

实现消费者个性化需求，一方面需要制造企业能够生产符合消费者个性偏好的产品或服务，另一方面需要互联网提供消费者的个性化定制需求。由于消费者人数众多，每个人需求不同，导致需求的具体信息也不同，加上需求不断变化，就构成了产品需求的大数据。

消费者与制造企业之间的交互和交易行为也将产生大量数据，挖掘和分析这些消费者动态数据，能够帮助消费者参与到产品的需求分析和产品设计等创新活动中，为产品创新作出贡献。制造企业对这些数据进行处理，进而传递给智能设备，进行数据挖掘、设备调整、原材料准备等步骤，才能生产出符合个性化需求的定制产品。

大数据是制造智能化的基础，其在制造业大规模定制中的应用包括数据采集、数据管理、订单管理、智能化制造、定制平台等。其中定制平台是核心，定制数据达到一定的数量级，方能实现大数据应用。通过对大数据的挖掘，可将其应用于流行预测、精准匹配、时尚管理、社交应用、营销推送等领域，如图 4-15 所示。同时，大数据能够帮助制造业企业提升营销的针对性，降低物流和库存的成本，减少生产资源投入的风险。

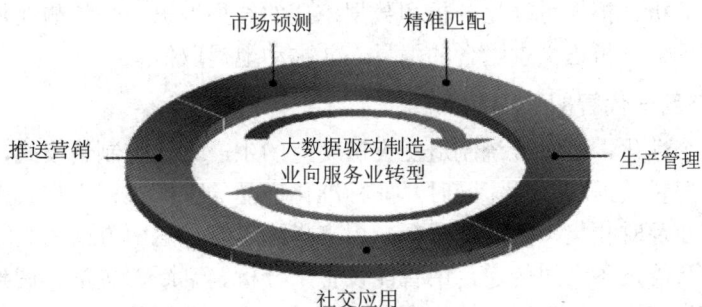

图 4-15　大数据应用

　　进行大数据分析，将带来仓储、配送、销售效率的大幅提升与成本的大幅下降，并将极大地减少库存，优化供应链。同时，利用销售数据、产品的传感器数据和供应商数据库的数据等方面的大数据，制造企业可以准确预测全球不同市场区域的商品需求，跟踪库存和销售价格，从而节约大量成本。

3．大数据处理关键技术

　　为了获取大数据中的有价值信息，必须选择一种有效的方式来处理它。大数据技术一般包括数据采集、数据预处理、数据存储和数据分析四个部分。

　　1) 大数据采集技术

　　数据可以是从传感器、网络社交、论坛等渠道获得的信息，数据类型包括结构化、半结构化以及非结构化数据。大数据采集即是通过传感体系、网络通信体系、智能识别体系及软硬件资源接入系统，实现对结构化、半结构化、非结构化的海量数据的智能化识别、跟踪、接入、传输、信号转换、监控、初步处理和管理等。

　　2) 大数据预处理技术

　　大量数据接收完毕后，需要对多种结构的数据进行分类，将一些复杂的数据转化为单一的数据类型，并过滤掉错误及无用的信息。这种在主要的数据处理以前对数据进行的一些处理叫做大数据预处理。大数据预处理有多种方法：数据清理，数据集成，数据变换和数据归约。这些大数据处理技术在数据挖掘之前使用，可以提高数据挖掘模式的质量，降低实际挖掘所需要的时间。

　　3) 大数据存储技术

　　面对如此巨大的数据量，能否建立相应的数据库并随时管理和调用其中数据，成为大数据存储技术的关键。这需要开发新型数据库技术，如键值数据库、列存数据库、图存数据库以及文档数据库等类型，以解决海量图文数据的存储及应用问题。

　　4) 大数据分析

　　大数据分析是指对规模巨大的数据进行分析。其中包括：

　　◇　可视化分析：不管对于数据分析专家还是普通用户，数据可视化都是数据分析工具最基本的功能。

　　◇　数据挖掘：从大量的、不完全的、有噪声的、模糊的、随机的实际应用数据中，提取隐含在其中的、人们事先不知道的、但又是潜在有用的信息和知识的过程。

◇ 预测性分析：根据可视化分析和数据挖掘的结果做出一些预测性判断。

◇ 语义引擎：分析语义中隐含的消息，并主动地提取信息。

4. 大数据与新一代智能工厂

消费需求的个性化，要求传统制造业突破现有的生产方式与制造模式，处理和挖掘消费需求所产生的海量数据与信息，同时，非标准化产品的生产过程中也会产生大量的生产信息与数据，需要及时收集、处理和分析，用来指导生产。这两方面的大数据信息流最终会通过互联网在智能设备之间传递，由智能设备来分析、判断、决策、调整、控制并继续开展智能生产，生产出高品质的个性化产品。可以说，大数据是构成新一代智能工厂的重要技术支撑。

智能工厂中的大数据，是"信息"与"物理"世界彼此交互与融合的产物。大数据应用将带来制造企业创新和变革的新时代，在传统的制造业生产管理信息数据的基础上，结合物联网等感知的物理数据，形成智能制造时代的生产数据私有云，创新制造企业的研发、生产、运营、营销和管理方式，带给企业更快的速度、更高的效率和更敏锐的洞察力。

4.3.2 云计算技术

云计算，是利用互联网将庞大且可伸缩的 IT 运算能力集合起来，并作为服务提供给多个客户的技术。云计算是新一代的 IT 模式，它在后端庞大计算中心的支撑下，能为用户提供更方便的体验和更低廉的成本。云计算定义如图 4-16 所示。

图 4-16　云计算的定义

由于在后端有规模庞大、高自动化与高可靠性的云计算中心的存在，人们只要接入互联网，就能非常方便地访问各种基于云的应用和信息，免去了安装和维护等繁琐操作，同时，企业和个人也能以低廉的价格使用这些由云计算中心提供的服务，或者在云中直接搭建其所需的信息服务。在收费模式上，云计算和水电等公用事业服务非常类似，用户只需为其所使用的部分付费。对云计算的使用者(主要是个人用户和企业)来讲，云计算提升了用户体验，并降低了成本。

1. 云计算的架构

云计算分为服务和管理两大部分，如图 4-17 所示。

服务方面，主要以向用户提供各种基于云的服务为主，共包含三个层次：

◇ SaaS：软件即服务(Software as a Service)，这层的作用是将应用以主要基于Web 的方式提供给客户。

◇ PaaS：平台即服务(Platform as a Service)，这层的作用是将一个应用的开发和部署平台作为服务提供给用户。

◇ IaaS：基础架构即服务(Infrastructure as a Service)，这层的作用是将各种底层的计算(比如虚拟机)和存储等资源作为服务提供给用户。

Software as a Service(软件即服务)				云管理层
Google Apps	Salesforce CRM	Office Web Apps	Zoho	用户管理
HTML	JavaScript	CSS	Flash　Silverlight	监控系统
Platform as a Service(平台即服务)				计费管理
Force.com	Google App Engine	Windows Azure Platform	Heroku	安全管理
REST	多租户　并行处理	应用服务器	分布式缓存	服务管理
Infrastructure as a Service (基础设施即服务)				资源管理
Amazon EC2	IBM Blue Cloud	Cisco UCS	Joyent	容灾支持
系统虚拟化	分布式存储	关系型数据库	NoSQL	运维管理
				客户支持

图 4-17　云计算的架构

从用户角度而言，这三层服务之间关系是独立的，因为它们提供的服务是完全不同的，而且面对的用户也不尽相同。但从技术角度而言，云服务这三层之间有一定的依赖关系。比如一个 SaaS 层的产品和服务不仅需要用到 SaaS 层本身的技术，而且还依赖 PaaS 层所提供的开发和部署平台，或者直接部署于 IaaS 层所提供的计算资源上，还有 PaaS 层的产品和服务也很有可能构建于 IaaS 层服务之上。

管理方面，主要以云的管理层为主，其功能是确保整个云计算中心能够安全和稳定的运行，并能被有效地管理。

2. 云管理层

云管理层是云最核心的部分。云管理层也是前面三层云服务的基础，为它们提供多种管理和维护等方面的功能和技术。如图 4-18 所示，云管理层共有九个模块，这九个模块可分为三层，它们分别是用户层、机制层和检测层。

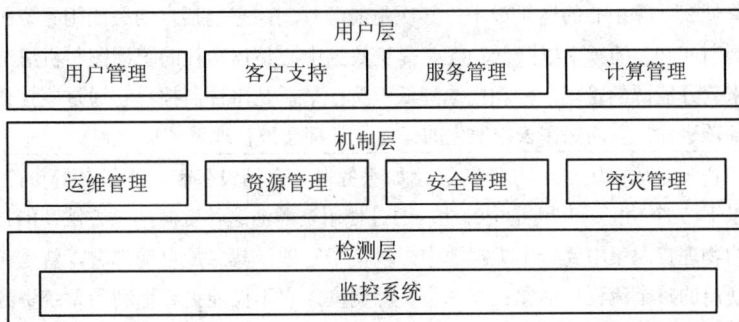

用户层			
用户管理	客户支持	服务管理	计算管理
机制层			
运维管理	资源管理	安全管理	容灾管理
检测层			
监控系统			

图 4-18　云管理的架构

1) 用户层

顾名思义，这层主要面向使用云的用户，并通过多种功能来更好地为用户服务，共包含四个模块：用户管理、客户支持、计费管理和服务管理。各模块的具体功能如表4-3所示。

表4-3　用户层模块

用户层模块	功能说明
用户管理	云方面的用户管理主要有 3 种功能。其一是账号管理，包括对用户身份及其访问权限进行有效的管理，还包括对用户组的管理；其二是单点登录，在多个应用系统中，用户只需要登录一次就可以访问所有相互信任的应用系统，这个机制可以极大地方便用户在云服务之间进行切换；其三是配置管理，对与用户相关的配置信息进行记录、管理和跟踪，配置信息包括虚拟机的部署、配置和应用的设置信息等
客户支持	好的用户体验对于云而言非常关键，所以帮助用户解决疑难问题的客户支持十分必要，需要建设一整套完善的客户支持系统，确保问题能按其严重程度或者优先级来依次进行解决，而不是一视同仁，以提升客户支持的效率和效果
计费管理	利用底层监控系统所采集的数据来对每个用户所使用的资源(比如所消耗 CPU 的时间和网络带宽等)和服务(比如调用某个付费 API 的次数)进行统计，以准确地向用户索取费用，并提供完善和详细的报表
服务管理	大多数云都在一定程度上遵守 SOA(Service-Oriented Architecture，面向服务的架构)的设计规范。SOA 的意思是将应用不同的功能拆分为多个服务，并通过定义良好的接口和契约来将这些服务连接起来。这样做的好处是能使整个系统松耦合，从而使整个系统能够通过不断演化来更好地为客户服务。一个普通的云也同样由许许多多的服务组成，比如部署虚拟机的服务、启动或者关闭虚拟机的服务等，而管理好这些服务对于云而言是非常关键的

2) 机制层

这层主要提供各种用于管理云的机制。通过这些机制，能让云计算中心内部的管理更自动化、更安全和更环保。和用户层一样，该层也包括 4 个模块：运维管理、资源管理、安全管理和容灾支持。各模块具体功能如表4-4所示。

表4-4　机制层模块

机制层模块	功能说明
运维管理	云的运行是否出色，往往取决于其运维系统的强健和自动化程度。而和运维管理相关的功能主要包括三个方面：首先是自动维护，运维操作应尽可能专业化和自动化，从而降低云计算中心的运维成本；其次是能源管理，它包括自动关闭闲置资源、根据负载来调节 CPU 的频率以降低功耗、提供数据中心整体功耗的统计图与机房温度的分布图等来提升能源的管理，并相应地降低浪费；最后是事件监控，它通过监控数据中心发生的各项事件，以确保在云中发生的任何异常都会被管理系统捕捉到
资源管理	资源管理模块与对物理节点(比如服务器、存储设备和网络设备等)的管理相关，涉及以下 3 个功能：其一是资源池，通过使用资源池这种资源抽象方法，能将具有庞大数量的物理资源集中到一个虚拟池中，以便于管理；其二是自动部署，就是将资源从创建到使用的整个流程自动化；其三是资源调度，它不仅能更好地利用系统资源，而且能自动调整云中资源来帮助运行于其上的应用更好应对突发流量，从而起到负载均衡的作用

续表

机制层模块	功 能 说 明
安全管理	安全管理是对数据、应用和账号等 IT 资源进行全面保护，使其免受犯罪分子和恶意程序的侵害，并保证云基础设施及其提供的资源能被合法地访问和使用
容灾支持	在容灾方面，主要涉及两个级别：其一是数据中心级别。如果数据中心的外部环境出现了类似断电、火灾、地震或者网络中断等严重的事故，将很有可能导致整个数据中心不可用，这就需要在异地建立一个备份数据中心以保证整个云服务持续运行。该备份数据中心会与主数据中心进行同步，主数据中心发生问题时，备份数据中心会自动接管在主数据中心中运行的服务。其二是物理节点级别。系统需要检测每个物理节点的运行情况，如果一个物理节点出现问题，系统会试图恢复它或者将其屏蔽，以确保相关云服务正常运行

3) 检测层

检测层主要监控云计算中心的方方面面，并采集相关数据，以供用户层和机制层使用。全面监控云计算的运行主要涉及 3 个层面：其一是物理资源层面，主要监控物理资源的运行状况，比如 CPU 使用率、内存利用率和网络带宽利用率等；其二是虚拟资源层面，主要监控虚拟机的 CPU 使用率和内存利用率等；其三是应用层面，主要记录应用每次请求的响应时间(Response Time)和吞吐量(Throughput)，以判断它们是否满足预先设定的 SLA(Service Level Agreement，服务级别协议)。

3. 云计算的 4 种模式

为适应用户不同的需求，云计算演变为不同的模式。在 NIST(National Institute of Standards and Technology，美国国家标准技术研究院)的名为"The NIST Definition of Cloud Computing"的关于云计算概念的著名文档中，共定义了云的 4 种模式，它们分别是：公有云、私有云、混合云和行业云。

1) 公有云

公有云是目前最流行的云计算模式。它是一种对公众开放的云服务，能支持数目庞大的请求，而且成本较低。公有云由云供应商运行，为最终用户提供各种各样的 IT 资源。云供应商负责从应用程序、软件运行环境到物理基础设施等 IT 资源的安全、管理、部署和维护。

在使用 IT 资源时，用户只需为其所使用的资源付费，无需任何前期投入。但在公有云中，用户不清楚与其共享和使用资源的还有其他哪些用户，整个平台是如何实现的，甚至无法控制实际的物理设施，所以云服务提供商必须能保证其所提供的服务是安全可靠的。

许多 IT 巨头都推出了它们自己的公有云服务，包括 Amazon 的 AWS、微软的 Windows Azure Platform、Google 的 Google Apps 与 Google App Engine 等，一些过去著名的 VPS 和 IDC 厂商也推出了它们自己的公有云服务，比如 Rackspace 的 Rackspace Cloud 和国内世纪互联的 CloudEx 云快线等。

2) 私有云

对许多大中型企业而言，在短时间内很难大规模地采用公有云技术，所以引出了私有云这一模式。私有云主要为企业内部提供云服务，并不对外开放。它在企业的防火墙内工作，企业 IT 人员能对其数据、安全性和服务质量进行有效的控制。与传统的企业数据中心相比，私有云可以支持动态灵活的基础设施(可由企业 IT 机构，也可由云提供商进行构建)，降低 IT 架构的复杂度，使各种 IT 资源得以整合和标准化。

在私有云界，主要有两大联盟：其一是 IBM 与其合作伙伴，主要推广的解决方案有 IBM Blue Cloud 和 IBM CloudBurst；其二是由 VMware、Cisco 和 EMC 组成的 VCE 联盟，它们主推的是 Cisco UCS 和 vBlock。在实际的例子方面，已经建设成功的私有云有采用 IBM Blue Cloud 技术的中化云计算中心和采用 Cisco UCS 技术的 Tutor Perini 云计算中心。

3) 混合云

混合云的应用没有公有云和私有云广泛。顾名思义，混合云是把公有云和私有云结合到一起的方式，即它是让用户在私有云的私密性和公有云的灵活低廉之间做一定权衡的模式。比如，企业可以将非关键的应用部署到公有云上来降低成本，而将安全性要求很高、非常关键的核心应用部署到完全私密的私有云上。

现在混合云的例子非常少，最相关的就是 Amazon VPC(Virtual Private Cloud，虚拟私有云)和 VMware vCloud。

4) 行业云

行业云主要指专门为某个行业的业务设计的云，并且开放给多个同行业的企业。

行业云的概念虽然较少被提及，也没有较为成熟的例子，但仍有一定的潜力。比如盛大公司的开放平台就颇具行业云的潜质，它将其整个云平台与多个小型游戏开发团队共享，这些小型团队只需负责游戏的创意和开发，其他相关的烦琐运维工作则交由盛大开放平台负责。

4．云计算的应用：云制造

云计算是智能制造的重要领域。制造企业所管理的大量数据与云计算平台相结合，衍生出了另一个概念——云制造。

云制造是先进的信息技术、制造技术以及物联网技术等交叉融合的产品，是制造即服务理念的体现。云制造依据包括云计算在内的当代信息技术前沿理念，支持制造业利用当下环境中广泛的网络资源，为产品提供高附加值、低成本和全球化制造的服务。云制造将实现对产品开发、生产、销售、使用等全生命周期的相关资源的整合，提供标准、规范、可共享的制造服务模式。

云制造为制造业信息化提供了一种崭新的理念与模式，其应用是一个长期的阶段性渐进的过程。云制造的未来发展面临着众多关键技术的挑战，除了云计算、物联网、高性能计算、嵌入式系统等技术的综合集成以外，基于知识的制造资源云端化、制造云管理引擎、云制造的应用协同、云制造可视化技术与用户界面等技术均是未来需要攻克的重要技术。

4.3.3 虚拟制造技术

虚拟制造(Virtual Manufacturing，VM)是指以信息技术为基础，以计算机仿真和建模技术为支持，对生产制造过程进行系统化组织与分析，并对整个制造过程建模，在计算机上进行设计评估和制造活动仿真的技术。虚拟制造技术强调用虚拟模型描述制造全过程，在实际物理制造之前就具有了对产品性能及其可制造性的预测能力。

虚拟制造集成了三维模型与虚拟仿真的制造活动，从而代替现实世界中的物体与操作，是一种知识与计算机辅助系统技术，是虚拟现实技术在生产制造过程中的一种应用。用户可以通过虚拟现实技术进入一个三维的虚拟世界，在这个世界中不仅能够感知三维可视化环境，还能够对物体进行交互操作，从而可以综合质量与数量两个层面的因素，提高解决策略的可行性。

1. 虚拟制造关键技术

虚拟制造技术的涉及面很广，如可制造性自动分析、分布式制造技术、决策支持工具、接口技术、智能设计技术、建模技术、仿真技术以及虚拟现实技术等。其中，后 4 项是虚拟制造的核心技术。

1) 智能设计技术

智能设计技术是对传统计算机设计技术(Computer Aided Design，CAD)的研究和加强，既具有传统 CAD 系统的数值计算和图形处理能力，又能满足设计过程自动化的要求，对设计的全过程提供智能化的计算机支持，因此又被称为智能 CAD 系统，简称 ICAD。虚拟设计与虚拟制造流程如图 4-19 所示。

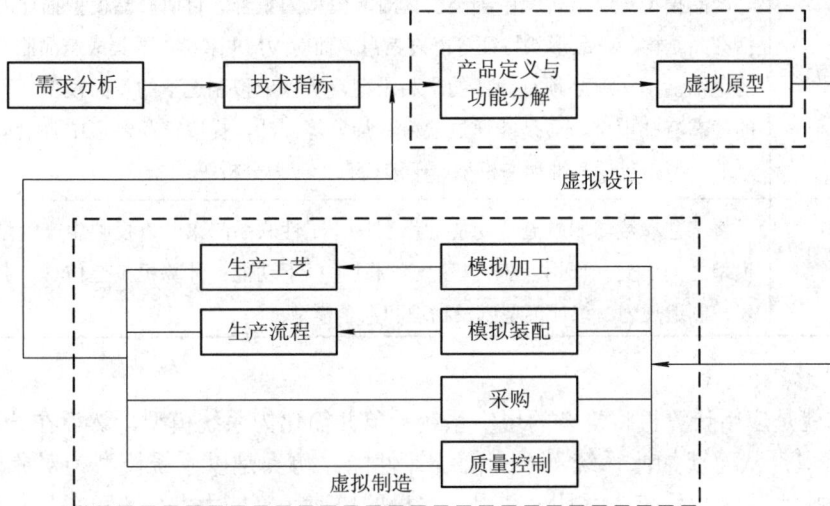

图 4-19　虚拟设计与虚拟制造流程图

智能设计技术有如下特点：

◇　以设计方法学为指导。设计方法学对设计本质、过程设计思维特征及其方法学的深入研究，是智能设计模拟人工设计的基本依据。

◇　以人工智能技术为实现手段。借助专家系统技术的强大知识处理功能，结合人工神经网络和机器学习技术，较好支持设计过程自动化。

◇　将传统 CAD 技术作为数值计算和图形处理工具，提供对设计方案优化和图形显示输出的支持。

◇ 面向集成智能化。不仅支持设计的全过程，而且能为集成其他系统提供统一的数据模型及数据交换接口。

◇ 提供强大的人机交互功能。使设计师对智能设计过程的干预，即人和人工智能的融合成为可能。

随着对市场及用户数据的采集、分析和挖掘，以及参与式设计支撑技术的发展，传统的设计流程已从设计师为主导的为用户设计，向着基于用户需求的智能化设计转变。

2) 建模技术

虚拟制造系统(Virtual Manufacturing System，VMS)是现实制造系统(Real Manufacturing System，RMS)在虚拟环境下的映射，是 RMS 的模型化、形式化和计算机化的抽象描述和表示。VMS 的建模包括生产模型、产品模型和工艺模型三种类型，如表4-5 所示。

表4-5　VMS 的建模

模型	说　明
生产模型	可归纳为静态描述和动态描述两个方面。静态描述是指系统生产能力和生产特性的描述；动态描述是指在已知系统状态和需求特性的基础上，预测产品生产的全过程
产品模型	产品模型是制造过程中各类实体对象模型的集合。目前产品模型描述的信息包括产品结构、产品形状特征等静态信息。而对 VMS 来说，要集成产品制造过程中的全部活动，就必须有完备的产品模型，所以虚拟制造下的产品模型不再是单一的静态特征模型，而是能通过映射、抽象等方法，提取产品制造中各活动所需信息的模型，包括三维动态模型、干涉检查、应力分析等
工艺模型	将工艺参数与影响制造功能的产品设计属性联系起来，以反映生产模型与产品模型之间的交互作用。工艺模型必须具备以下功能：计算机工艺仿真、制造数据表、制造规划、统计模型以及物理和数学模型

3) 仿真技术

仿真，就是应用计算机将复杂的现实系统抽象并简化为系统模型，然后在分析的基础上运行此模型，从而获知原系统一系列的统计性能。仿真是以系统模型为对象的研究方法，不会干扰实际生产系统。而且，利用计算机的快速运算能力，仿真可以用很短时间模拟实际生产中需要很长时间的生产周期，因此可以缩短决策时间，避免资金、人力和时间的浪费，并可重复仿真，优化实施方案。

仿真的基本步骤为：研究系统(收集数据)，建立系统模型(确定仿真算法)，建立仿真模型，运行仿真模型，最后输出结果并分析。

产品制造过程仿真，可归纳为制造系统仿真和加工过程仿真。

◇ 制造系统仿真，包括产品建模仿真、设计过程规划仿真、设计思维过程和设计交互行为仿真等，以便对设计结果进行评价，实现设计过程早期反馈，减少或避免产品设计错误。

◆　加工过程仿真，包括切削过程仿真、装配过程仿真、检验过程仿真以及焊接、压力加工、铸造仿真等。

4) 虚拟现实技术

虚拟现实技术(Virtual Reality，VR)是综合利用计算机图形系统、各种显示和控制等接口设备，在计算机生成的可交互的三维环境(称为虚拟环境)中提供沉浸感觉的技术。虚拟现实系统包括操作者、机器和人机接口三个基本要素。利用虚拟现实技术可以对真实世界进行动态模拟，通过用户的交互输入，及时按输出修改虚拟环境，使人产生身临其境的沉浸感觉。虚拟现实技术是虚拟制造的关键技术之一。

2. 数字化虚拟制造在制造业中的应用

数字化虚拟制造技术首先成功应用于飞机、汽车等工业领域，未来应用前景主要集中在以下几个方面：

1) 虚拟产品制造

应用计算机仿真技术，对零件的加工方法、工序顺序、工装选用、工艺参数选用，加工工艺性、装配工艺性、配合件之间的配合性、连接件之间的连接性、运动构件的运动性等均可建模仿真。建立数字化虚拟样机是一种崭新的设计模式和管理体系。

虚拟样机是基于三维 CAD(Computer Aided Design，计算机辅助设计)的产物。三维CAD 系统是造型工具，能支持"自顶向下"和"自底向上"等设计方法，完成结构分析、装配仿真及运动仿真等复杂设计过程，使设计更加符合实际设计过程。三维造型系统能方便地与 CAE(Computer Aided Engineering，计算机辅助工程)系统集成，进行仿真分析；能提供数控加工所需的信息，如 NC(Computer Number Control)代码，实现CAD/CAE/CAPP/CAM 的集成。一个完整的虚拟样机应包含如下的内容：

◆　零部件的三维 CAD 模型及各级装配体，三维模型应参数化、适合于变形设计和部件模块化。

◆　与三维 CAD 模型相关联的二维工程图。

◆　三维装配体适合运动结构分析、有限元分析、优化设计分析。

◆　形成基于三维 CAD 的 PDM(Product Data Managment，产品数据管理)结构体系。

◆　从虚拟样机制作过程中，摸索出定制产品的开发模式及所遵循的规律。

◆　三维整机的检测与试验。

以 CAD/CAM 软件为设计平台，建立全参数化三维实体模型。在此基础上，对关键零件进行有限元分析以及对整机或部件的运动模拟。通过数字化虚拟样机的建立与使用，帮助企业建立起一套基于三维 CAD 的产品开发体系，实现设计模式的转变，加快产品推向市场的周期。

2) 虚拟企业

虚拟企业是目前国际上一种先进的产品制造方式，采用的是"两头在内，中间在外"的哑铃型生产经营模式，即"产品开发"和"销售"两头在公司内部进行，而中间的机械加工部分则通过外协、外购方式进行。

虚拟企业的特征是：企业地域分散化。虚拟企业从用户订货、产品设计、零部件制造，以及装配、销售、经营管理都可以分别由处在不同地域的企业联作，进行异地设计、异地制造、异地经营管理。虚拟企业是动态联盟形式，突破了企业的有形界限，能最大限度地利用外部资源加速实现企业的市场目标。企业信息共享化是构成虚拟企业的基本条件之一，企业伙伴之间通过互联网及时沟通信息，包括产品设计、制造、销售、管理等信息，这些信息是以数据形式表示，能够分布到不同的计算机环境中，以实现信息资源共享，保证虚拟企业各部门步调高度协调，在市场波动条件下，确保企业最大整体利益。

虚拟企业的主要基础是：建立在先进制造技术基础上的企业柔性化；在计算机上完成产品从概念设计到最终实现的全过程模拟的数字化虚拟制造；计算机网络技术。这三项内容是构成虚拟企业不可缺少的必要条件。

虚拟制造技术的主要目标，是能够根据实际生产线及生产车间情况进行规模布局，以建模与仿真为核心内容，进行产品的全寿命设计，有巨大的应用潜力。基于产品的数字化模型，实现了从产品的设计、加工、制造到检验全过程的动态模拟，而生产环境、制造设备、定位工装、加工工具和工作人员等虚拟模型的建模，为虚拟环境的搭建奠定了坚实的基础。虚拟制造的关键技术是对产品与制造过程的拟实仿真，通过仿真，可以及时发现生产问题，及时进行生产优化，从而实现提高效率、节约成本的最终目的。

4.3.4　制造信息系统

制造信息系统是整个智能制造环节的管理中枢，是贯穿车间、连接部门、跨越企业的以制造为核心的集成系统。制造信息系统可以根据生产环节产生的大量实时数据，进行信息汇总和分析管理。不仅如此，通过工业互联网，制造信息系统还能与制造企业的人事、财务、生产环节管理、运营管理等系统互通和集成，实现内部信息共享，提高企业执行力和市场反应力。

制造信息系统将从根本上改变制造工厂的运营模式，主要体现在以下几个方面：

1. 信息化的集成

制造信息系统使工厂企业互连，从而能更好地协调制造生产的各个阶段，推进车间生产效率的提高。典型的制造车间可使用信息技术、传感器、智能电动机、电脑控制、生产管理软件等管理每个特定阶段或生产过程的操作。然而，这仅仅解决了一个局部制造岛的效率问题，并非全企业的。制造信息系统则能彻底整合这些制造岛屿，使整个工厂共享数据。机器收集的数据和人类智慧相互融合，从而能推进车间级优化和企业范围管理目标的实现，包括经济效益大幅增加、人身安全得到保障和环境得以可持续性发展。

2. 制造智能化

制造生产环节产生了大量的现场实时数据，这些数据配合先进计算机的仿真和建模，将创建强大的"制造智能"，实现可变的生产节奏、柔性的制造工艺、最佳生产速度以及更高效的产品定制。

制造信息系统使用高性能计算平台(云计算)连接整个供应链体系，进行建模、仿真和数据集成工作，在整个供应链体系内建立更高水平的制造智能。为节约能源、优化产品的制造交付，整条生产线和全车间能够实时、灵活改变运行速度。企业可以开发先进的模型并模拟生产过程，改善当前和未来的业务流程。数据在制造供应链的各个环节中流畅运行，并得到持续的运行优化，使企业更加快速的与客户需求连接在一起，对所有变化迅速响应并实施柔性对接，保障产品品质，降低生产成本，缩短交付期。

3. 大数据管理

随着制造数据的大量积累，制造信息系统能进一步对大规模数据进行分析，推进制造智能技术的进步，并激励制造工艺过程和产品的创新，实现智能制造，挑战主流市场秩序。灵活的可重构工厂和 IT 最优化供应链将改变生产过程，允许制造商按个人需求定制产品。如同生产药物按特定剂量和配方一样，客户会"告诉"工厂生产什么样式的汽车，装配什么功能的个人电脑，怎样定制一款完美的牛仔裤……

这种极富戏剧性的竞争力至关重要，越来越多的生产知识创新奠定了智能制造发展的第三阶段。这些改变不会停留在量变层面上，它们将彻底改变游戏规则，使产品、工艺和市场发生颠覆性变化。

智能制造是面向产品全生命周期的、以实现全面感知为前提的信息化制造，是高度依托网络连接与知识驱动的制造模式。智能制造优化了制造业的全部业务和作业流程，实现了生产力可持续增长与经济效益提高的目标，同时结合信息技术和工程技术，从根本上改变了产品研发、制造、运输和销售的过程。

小　　结

通过本章的学习，读者应当了解：

(1) 智能制造是通过智能化的感知、人机交互等技术，实现制造装备的智能化，是信息技术、智能技术与装备制造技术的深度融合与集成。传统的制造装备通过应用智能硬件技术而具有了信息采集、分析和执行能力，从而在智能制造的全生命周期中占据了重要的地位。

(2) 工业机器人、智能传感器、智能终端的概念、分类以及其在智能制造体系中的重要作用。

(3) 机器视觉技术、射频识别技术和工业物联网技术的概念、原理和组成。

(4) 智能制造系统所管理的数据的来源、种类；云计算的概念、架构和重要作用。

(5) 智能虚拟制造技术的定义和关键技术。

练　　习

1. 一台完整的工业机器人由_____、_____、_____以及_____等部分组成。

2. 智能终端体系结构分为_____和_____。从硬件上看，智能终端普遍采

用的是＿＿＿＿＿＿＿＿＿＿＿，即由＿＿＿＿＿＿、＿＿＿＿＿＿、＿＿＿＿＿＿、＿＿＿＿＿＿和
＿＿＿＿＿＿等5大部件组成。

3. 简述机器视觉技术的定义。

4. 简述智能传感器的概念和组成。

5. 简述制造企业需要管理的数据的种类和来源。

6. 云管理层共有3层，它们分别是＿＿＿＿＿＿、＿＿＿＿＿＿和＿＿＿＿＿＿。

7. 制造信息系统将从根本上改变制造工厂的运营模式，简单描述你的理解。

第 5 章　智能制造的产业模式

本章目标

- 了解智能制造时代下制造业传统生产模式的转变

- 了解互联网背景下用户需求的改变

- 掌握智能制造新型价值体系的特点

- 了解制造工厂升级改造的三个目标

- 熟悉智能制造体系的几大要素

- 了解智能制造高端装备产业的组成

5.1 商业思维的颠覆

智能制造的出现，将彻底颠覆传统制造业的生产方式与商业模式。智能制造不仅仅意味着技术与生产过程的转变，同时也意味着管理模式与组织结构的全面调整。对此，制造企业必须为变革做好准备。

5.1.1 营销方式的转变

在互联网当道的今天，中国的企业家都在大谈营销模式，对产品本身的关注却越来越少。但在智能制造时代，一切都要回归到产品的制造上来。

1. 智造新模式——客厂模式

以小米科技(图 5-1)的成长模式为例，小米的成功之处，在于注重营销和销售以及用户的使用体验。在互联网时代，小米成功地领导了一种互联网营销模式，即通过让用户直接参与产品研发来打造出让用户满意的产品，以此打败了无数实力雄厚的竞争对手。但小米自身并不制造产品，它的产品都是由第三方工厂代工，包括产品设计和产品生产。而这也正成为小米最大的问题：过分注重营销方式，而非产品品质。而在未来的智能制造体系中，一种产品从研发到生产、再到营销服务都将实现智能化。

图 5-1　小米科技

智能制造时代客户定制产品的流程如下：客户通过智能终端或网络平台给企业下订单，平台会自动把客户的个性化定制需求数据传输给智能工厂的云平台。而智能工厂根据收到的数据，自动组织产品设计、原材料加工、组装生产的环节，再根据智能客户关系管理系统生成的方案，将定制产品交付给消费者。

在上述整个过程中，用户和制造工厂可以通过互联网直接沟通。这种体现了制造业与互联网的深度融合，实现了客户和工厂无障碍交互的模式，就是 Customer-to-Manufactory(简称 C2M)，也就是客厂模式。

在客厂模式中，客户本身已被纳入成为智能制造网络的一环，完全可以直接与智能工厂沟通协商。因此，客户能更轻松地得到最合个人口味的专属产品，并享受更低的交易成本。

如此一来，小米引以为傲的用户参与研发模式将被动摇，因为小米的成长模式并不符合智能制造的内涵。从根本上说，小米的爆发性增长并不是源自卓越的技术创新能力，而在于革新了互联网营销模式。这是一种充分利用消费者心理展开的饥饿营销模式。通过培养忠于小米品牌的粉丝群体进行口碑式传播，让目标消费者的购物欲望变得如饥似渴，再加上小米高层在众多场合热炒互联网思维理念，才使得小米品牌的影响力能迅速在市场上蔓延。

然而，在未来的智能制造时代中，客户需求将变得更加多样化、复杂化、个性化。智能制造企业可以利用智能化的网络资源和大数据平台，大规模满足客户的个性化需求。若小米一直依赖代工厂，却无法达到同等级的协同制造能力，可能难以挽留消费者，进而错过此次制造业的革命浪潮。而像华为、中兴等更重视自主知识产权研发的手机品牌，则更有可能搭上智能制造的东风。

2．智造新渠道——互联网

在过去，无数轻制造重营销的企业，在第三次工业革命中发展成称霸互联网经济的巨头，让那些以制造见长的企业望洋兴叹。但随着智能制造时代的到来，这种情况将发生根本性改变。

互联网与传统行业的大整合，是中国互联网经济发展的主要方式。目前的中国正处于互联网颠覆传统行业的初级阶段。许多传统行业被迫接受互联网改造，而互联网公司也将技术优势的触角延伸到各个产业链的上下游。

以阿里巴巴(图 5-2)为例，作为互联网营销的渠道商，阿里巴巴用互联网跨越了多个行业，借助平台的力量取得了空前的成功，在中国掀起了网上零售行业的高潮。但是，和小米一样，阿里巴巴同样不是以产品的研发制造为核心竞争力，而是立足于以营销环节为本位的模式发展。与小米有所不同的是，小米主要经营粉丝经济，而阿里巴巴则是靠互联网平台的力量。

图 5-2　阿里巴巴

在互联网普及的今天，在线购物的电子商务模式比实体店的交易更加方便快捷，再配合发达的物流交通体系，网上商城的营销方式可以有效降低成本，加大品牌推广力度，让广大消费者获得更优惠的产品。电子商务的低成本与交易灵活便捷等优势，是传统实体店、制造企业难以与之抗衡的根本原因。

但在智能制造时代，这种通过削减流通环节来压缩成本的方式将逐渐失去原有的优势。因为智能工厂直接省略了销售及流通环节，消费者可以通过智能手机、平板、个人电脑等智能终端，直接在互联网上向智能工厂的数据平台或信息系统订购个性化的产品，跳过阿里巴巴这个中转平台。

当消费者与智能工厂能方便地直接互动时，阿里巴巴这类企业的平台交易优势与折扣优势都将不复存在。而有自主品牌、注重技术创新的制造工厂，则能更快地在智能制造时代的全新商业模式中找到自己的位置。

3. 大数据平台——亿能云联

当前，互联网企业还掌握着一种有力武器——大数据平台。通过大数据技术对海量客户信息的垄断，互联网企业能够针对目标消费群体实时做出个性化精准营销，而这仅仅是大数据平台一个极小的应用。

如第一章所述，在智能制造体系中，"工业云和大数据"位于智能工厂和智能装备之上，是一个至关重要的领域。无论是大规模的个性化定制、智能工厂的管理经营，还是制造企业组织结构的变革，都离不开大数据的支持。特别是智能工厂的自主运作，以及产品与智能机器人之间的相互交流，尤其需要大数据技术进行支撑。当下的互联网企业拥有大数据技术优势，而制造企业拥有强大的技术创新能力，双方合作，或许可以实现共赢。

以青岛英谷教育开发的大数据平台——巨万云为例，它可以将生产制造各环节的传感器、智能终端和装备接入平台，通过对所收集的数据进行汇总、分析，从而提高智能工厂的智能化程度，如图 5-3 所示。

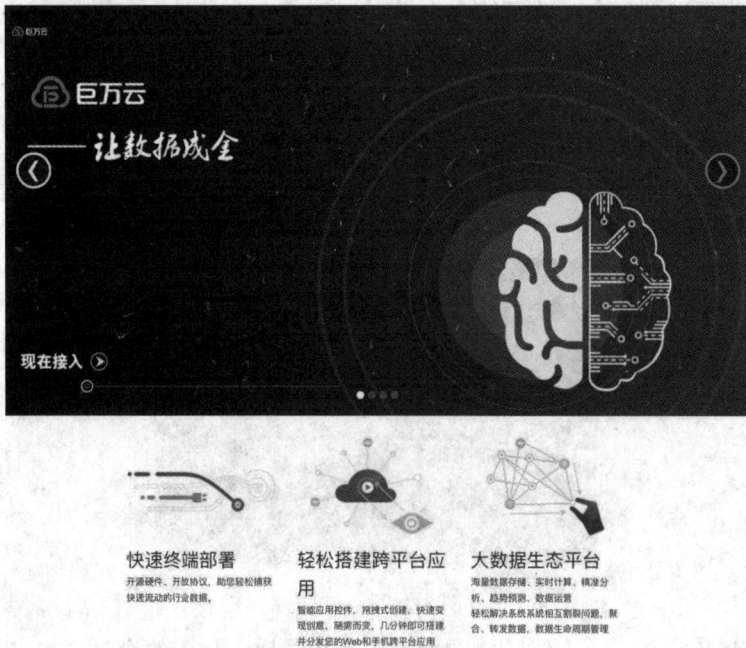

快速终端部署
开源硬件、开放协议，助您轻松获取快速流动的行业数据。

轻松搭建跨平台应用
智能应用控件，拖拽式创建、快速实现创建、随需而变，几分钟即可搭建并分发您的Web和手机跨平台应用

大数据生态平台
海量数据存储、实时计算、精准分析、趋势预测、数据运营
轻松解决系统系统相互割裂问题，聚合、转换数据，数据生命周期管理

图 5-3 亿能云联

亿能云联对智能工厂进行的智慧启动如下：

◇ 连接管理层、车间和供应链，实现更高级别的生产控制，提升效率。

◇ 共享车间设备中的传感器和致动器(如摄像头、机器人设备和运动控制设备)的数据，以提供实时诊断和主动维护服务，进而提升流程的可视化水平，增加工厂的正常运行时间和灵活性。

◇ 在车间内部及车间与企业 IT 系统之间实现通信，以更加高效地在工厂资

源、员工和供应商间进行协调。

◇ 实现更出色的环境感知、车间的无缝多区域保护、本机监控控制与数据采集(SCADA)支持以及远程设备管理功能。

亿能云联平台融于智能工厂，会给智能工厂带来以下提升：

◇ 提高数据共享的及时性和准确性。

◇ 优化企业库存，减少资金占用，提高企业的工作效率和生产能力。

◇ 提高作业的计划性、准确性及调控能力。

◇ 提高财务预算的精确性和管理的科学性，从而压缩成本，实现信息流、物流、资金流、业务流和价值流的有机统一和集成。

5.1.2　个性化需求和生产

在智能制造时代，个性化定制将成为市场的主流消费方式，受此影响，产品的生产方式也将发生巨大的变化。

1. 传统生产方式——企业决定产品

在没有互联网的时代，消费者需要到多个百货商场、超市货比三家，然后才能买到满意的物品。而在互联网时代，消费者可以从网上商城搜索出自己感兴趣的商品信息，在家中就能完成购买，移动互联网的普及使得消费者可以在智能手机上轻松完成在线下单与在线支付的流程，只需等着快递小哥上门送货。

但是，这仍然不是真正意义上的个性化消费。因为消费者只能在各个品牌厂家推出的成品中进行对比取舍。而无论哪个品牌的产品，都是按照某一类消费群体的整体偏好来设计的，也就是说是由企业决定，而不是完全围绕消费者的个性化需求"量身定做"的。所以，尽管交易方式十分便利，可供选择的产品种类也十分丰富，但并没有从根本上改变传统的产品生产和销售模式。因为真正意义上的个性化消费，应该是产品完全围绕消费者个人的喜好设计制造。

互联网经济的发展，催生了"以用户为中心"的互联网思维。但就目前而言，互联网行业的"用户思维"更多还是强调精准营销，虽然其中包含了个性化消费的因子，但若没有大规模个性化生产技术的支持，产品的"私人定制"只能是业界的美好愿望，真正的个性化消费时代也就没法真正降临。

2. 个性化定制方式——消费者决定产品

智能制造将为产品生产模式带来脱胎换骨的变化。"企业决定产品"的传统生产方式，将逐渐被"消费者决定产品"的智能生产模式取代。这对企业与消费者而言，都是一场革命性的改变。

未来智能工厂生产的产品，一切由消费者来决定。无论是尺寸、颜色，还是性能参数与零件类型，都可以按照消费者的选择进行搭配。智能制造将虚拟世界与现实世界融为一体，消费者将与智能工厂实现全程无障碍沟通。

从企业的角度说，智能制造将消除企业与消费者之间的各种无形障碍。在互联网技术普及之前，企业最头痛的是无法准确地把握市场动态。一方面，消费者总是抱怨产品的功能与品种不能满足需求;另一方面,企业对消费者的偏好了解有限,难以及时跟进需求变化,广大消费者的需求难以被便捷高效地转化为准确的用户数据。

大数据等互联网技术则突破了这个瓶颈,为企业转型个性化生产与个性化营销打下了良好的基础。未来,企业可以通过大数据实时跟踪采集消费者的消费记录,并借助智能软件分析出每个消费者的需求曲线与消费偏好,在掌握准确的情报后,就可以执行个性化定制模式了。

3. 个性化生产

个性化生产是实现个性化定制消费模式的基础。

在企业决定产品的时代,产品附加价值的高低往往比消费者的需求更能影响生产者的决策。虽然个性化定制能最大限度地契合消费者的真实需求,但居高不下的生产成本与较弱的大众普遍消费能力,使得企业不敢轻易将个性化定制作为主要生产方式。

个性化生产的最大阻碍是:无法利用流水生产线实现规模效益。因为在传统工业生产模式中,"柔性"(多样性生产)和生产效率是相互矛盾的。传统工业生产线主要用于标准化的单一型号产品。通过专用设备与工艺程序化,实现高效率的大批量生产,形成规模经济效益。但这种生产方式对设备专用性要求高,难以生产多品种的小批量产品。

自动化的柔性生产线则可以解决这一问题,它使用计算机来调控多种专业机床,能够按照事先设定好的程序自动调整生产方式,从而使得多品种的中小批量生产能与大批量标准化生产抗衡。

而随着智能制造技术的成熟,工业生产的"柔性"将进一步提高。多品种的个性化定制产品将能在智能生产线上实现大批量生产,彻底解决柔性与生产效率的矛盾。大规模个性化生产技术的出现,攻克了束缚个性化消费的最后一个技术瓶颈。

4. 个性化消费

唯有大幅度提升个性化产品的生产效率,有效降低其成本,才能让更多消费者满足个性化消费这种更高级的消费欲望。因此,从消费者的角度说,只有到了智能制造时代,才能实现彻底的个性化消费。

智能制造时代的个性化消费,可能出现以下三种变化:

1) 多样的个性化需求成为主流

尽管共同消费依然存在,但消费者的个性化需求将日益细化,并逐渐占据主导地位,这就要求企业把发展个性化生产提上日程。例如,德国的汽车制造业正在研制智能汽车生产线,以便在同一条流水线上同时制造不同类型的汽车。

2) 个性化产品的功能走向集成化

消费者越来越喜欢一次性解决所有的问题,个性化定制产品因此不再局限于单一产品,而是一连串相关产品集合而成的个性化套装。例如,互联网时代的房地产商不仅出售房子,还提供全套的个性化装修服务。

3) 商品交易方式的便利化

互联网经济改变了传统的交易方式,让消费者拥有了更多的选择空间,能随时随地进行在线下单及支付。而在智能制造时代,个性化消费的交易方式将变得更加方便。消费者不仅可以直接参与到最初的定制中,还能随时关注产品生产的进展。

由于虚拟世界与现实世界被信息物理系统(CPS)融为一体，智能制造时代的智能工厂成了一个消费者可以参与深度定制的"透明工厂"。在虚拟可视化技术与智能网络的帮助下，企业的数据中心会把整个定制化生产流程呈现在消费者眼前。例如，家电的原材料是否采购到位，颜色涂装是否完成，零部件组装进展如何，什么时候能发货上门，系统都会及时反馈给参与定制的消费者。总之，消费者可以借助产业物联网与企业直接沟通，跟踪个性化生产的全过程。

智能制造的个性化消费模式，对企业的个性化生产提出了极高的要求。从消费者提交订单开始，企业内部的智能化生产体系就要随着消费者订单贯穿始终。在用智能生产线提升制造效率的同时，企业对上游供应商的管控能力以及与消费者的互动沟通能力都需要全面升级。此外，智能工厂的决策方式也不同于网上零售业，企业的组织管理方式也必须围绕着个性化生产与个性化消费做出大幅度的变革。

5.1.3　预测型制造

智能制造模式具备预测性特征，体现在对工业制造过程的预测和对市场消费的预测两个方面。

1．预测型制造的定义

以智能化生产为特征的预测型制造，可以用"6C"模式来定义。"6C"是Connection(连接)、Cloud(云储存)、Cyber(虚拟网络)、Content(内容)、Community(社群)、Customization(定制化)六个英文单词的首字母缩写。在"6C"模式中，工厂与机器设备都高度智能化，不仅可以实时共享数据信息，还可以进行自我管理，并通过智能联网来配合其他工厂或机器设备的行动。

预测型制造要求生产制造系统具备对产品制造的全过程及各个制造设备的运行状况进行智能分析的能力。通过对各个生产环节、制造设备甚至零部件生产的数据进行全程收集、传输、分析，将生产制造过程中的不确定因素变得"透明化"，提前预测出产品制造存在的问题。

智能传感器技术的不断成熟，使得数据收集工作变得更为简单。无论是生产线上的机器设备还是待加工产品，都可以被智能传感器有效监测，并形成可供分析的各种参数。例如，在待加工产品的标签上安装智能芯片，即可经由智能传感器，将每个产品的个性化定制需求信息上传到智能生产线的云平台上。

2．预测工业制造过程的意义

传统的工业制造流程存在许多未知因素导致的问题，有些是不可预知也无法防范的，比如零部件突然发生故障，工人的粗心大意等等；有些是有规律可循的，比如元器件的损耗，气候对性能的影响等等。而在工厂之外，用户需求的波动、下游营销部门的失误等也同样会干扰制造过程。这些工厂内部和外部的不确定因素，一般可以通过事后分析而得到解决，这也是传统的制造企业和工厂所采用的方式。

传统的制造模式可以理解为反应型制造。这种制造模式主要是根据设备老化、加工失灵等可见的故障来做事后维护，但对于那些不确定的因素则往往反应迟滞。而预测型制造模式则是通过对数据的分析，对所有设备进行有效的检测和评估。通过智能传感网络，预测型制造将生产流程变得"透明化"，可以及时发现初次故障并运用人工智能预测下一次设备故障的时间点，从而进行主动维护，最大限度地减少生产中的不确定因素。

反应型制造时代，工程师更多是凭经验来推断机器性能的衰退时间的。这使得生产故障与意外的发生概率无法降低至零。而在预测型制造时代，加入智能制造网络的智能零部件一旦进入工作状态，就会自动向企业的控制中心反馈机械运行数据。如此一来，工程师就能更准确地实时了解零部件的健康情况，预知什么时候应该更换新器件，复杂烦琐的零部件保养工作将变得更加便捷高效。

预测型制造的概念，体现了制造业追求的最高境界，即在整个制造过程中，坚持以零故障、零忧患、零意外、零污染为目标。工厂里所有的机器都连成一个协作区，传统生产制造过程中的种种不确定因素都变得可见，智能分析系统能够尽早预测出其中可能影响生产的因素，并采取主动维护措施。

3．如何实现工业制造过程预测

预测型制造是一种智能化制造模式。按照智能制造的要求，未来的预测型制造需要完成三个转变。

1) 制造流程价值化

工业制造过程将作为整个产品的生命周期当中的重要一环，与产品设计、技术研发充分结合，把设计师的设计和用户的需求制造成一个合格的产品。

2) 制造流程智能化

在预测型制造过程中，智能生产线可以根据产品设计参数的差异与加工状况的变化做出针对性调整，在设计、研发、制造的全过程中，灵活调整产品加工方式。

3) 制造流程透明化

实现预测型制造的关键在于：获取将生产流程"透明化"的工具及技术，让那些不确定因素可以被及时检测和量化分析。反应型制造之所以依赖工程师的经验判断，正是由于无法将不可见的不确定因素转化为可解读的数据。而要解决这个问题，就离不开工业大数据技术的支持。

未来，制造企业的智能化升级将以大数据分析技术为基础。工业大数据系统的构建，不仅将有效提升制造企业的技术创新能力，也是企业在第四次工业革命中的一大重要任务。

4．市场消费的预测

传统的制造工厂多是按照贸易经销商的要求和计划进行生产，并不了解销售环节，也不直接倾听客户需求，也就是只关心订单的批量和规模，不关心产品的市场需求，因为传统制造业是靠批量规模取胜的。

在智能制造时代，制造行业必须从原本的产品导向转型为客户导向，充分利用商业大数据，分析预测客户需求，完成企业结构调整。个性化生产模式正是源于客户的个性化消费需求，是智能制造时代预测型制造的一种表现形式。

商业领域的大数据以客户为本，通过对客户的身高、年龄、住址、体重等个人数据的了解，可以对不同区域客户的需求差异、不同年龄段客户的消费流行趋势等进行分析，并将这些信息融入到产品设计和销售环节中，给用户提供更好的购物体验。

智能制造时代的大数据分析驱动型企业，会将价值链上的所有公司、部门、车间、生产线、机器设备的数据全部集中于云平台之上。通过工业大数据的强大计算能力，整合来自研发、工程、生产等环节的数据，并在此基础上创建 PLM(产品生命周期管理)平台。同时，战略性的运用云计算、移动、社交和大数据分析工具，掌握并预测以客户为中心的市场状况和变化趋势，并根据对数据的洞察，生成最佳的行动建议。数据将贯穿企业研发、生产、营销、服务等管理运作的全过程。

未来的制造企业将采取分散式组织形式，这要求企业必须具备更强的数据处理能力，否则，就无法及时处理分散在各个部门的大量数据，也无法实现人、机器、信息的一体化。

总之，智能制造时代的预测型制造模式离不开大数据这个平台。智能制造时代是以预测型制造模式为主导的时代，也是工业大数据普遍运用的时代。

5.2　新型价值体系

智能制造深刻地改变了产品的生产方式、组织方式、流通方式和销售方式，重塑了制造产业的价值链和生态链。

5.2.1　新型价值体系的特征

智能制造时代下的制造业新型价值体系有如下几个特征：

1. 生产方式模块化

一个工艺复杂的产品，可能有几百或上千个元器件，但若根据元器件的特点，将其整合为通用模块，则可能只包含几十个种类，仅需根据用途配置这些模块，即可满足用户的个性化需求，大大简化了产品的制造工艺和难度。因此，模块化生产是实现用户定制的基础。

在智能制造模式中，模块化生产有其不可取代的独特优势，但模块化生产的关键不仅是将复杂的系统分割成若干独立的子模块系统进行加工生产，还有随后进行的系统集成。近年来信息技术的发展，为企业实施产品模块化生产带来很大便利，特别是对促进不同企业间产品的模块通用化具有重要作用，将极大地推动模块化生产方式向更深更广的领域拓展。智能制造生态时代，模块化生产将成为产品制造的主要方式。

模块化组装生产流程如图 5-4 所示。

2. 组织方式标准化

随着模块化生产和信息技术的发展，行业内部分工将越来越细，而外包模式也将变得更为普及。这种变化将会逐步瓦解传统的企业组织模式，各个企业之间不再是封闭的，而是组成一个模块化的生产网络，每个企业都是其中的一个节点，甚至企业内部的业务部门也会参与到这种网络化分工中来。处于生产网络中的众多生产模块化零部件的企业或组织，必须按照标准化要求分工合作，从而形成特定的、具有一定层级结构的组织形式。

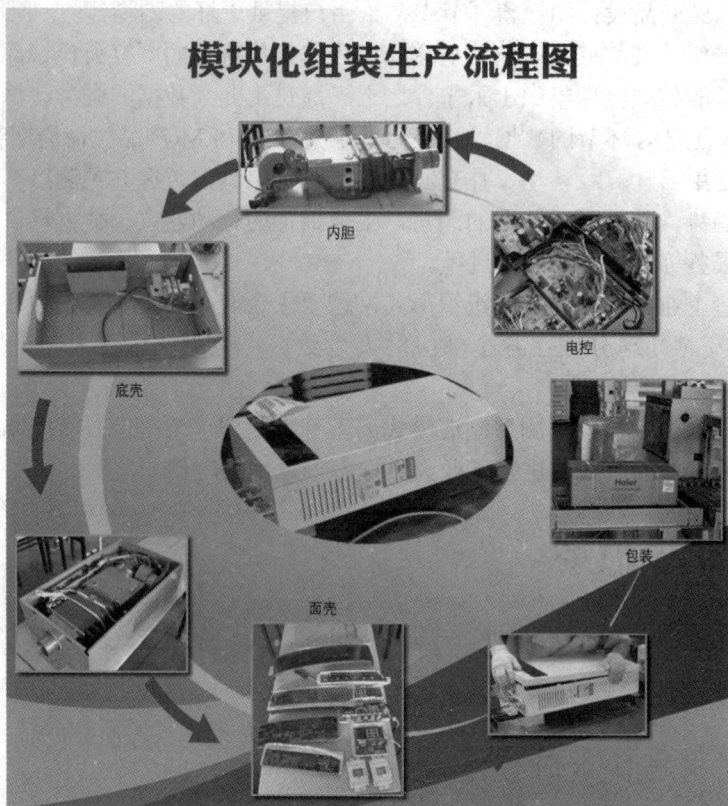

图5-4 模块化组装生产流程图

在此过程中，标准化是企业分工和系统集成的基础和前提，它在生产网络组织管理的过程中扮演关键角色，随着生产过程以及产品的智能化水平不断提升，标准的作用将得到进一步强化。在智能制造生态系统中，标准化管理将会在企业组织运行过程中发挥越来越重要的作用。

3. 产品服务化

随着科学技术的不断进步，生产能力得到大幅度提升，产品从稀缺资源逐渐演变为全球范围内的过剩品。产品制造不再是价值链的核心，相反，由于消费者成为稀缺资源，以用户为中心的经营理念已经成为全球企业的核心理念，创新和服务逐步成为价值链的核心。随着智能制造时代的到来，这一趋势将会更为明显。

同时，随着生产过程智能化程度的不断提高，劳动效率提高的速率将会逐步下降，依靠提升劳动效率的方式来增加产品价值的潜力正变得越来越小，而需要在产品上附加更多的服务价值，才能实现高额利润。实践也反复证明，价值回报最丰厚的区域集中在价值链的两端——研发和市场。在智能制造生态系统中，产品服务化将会成为未来价值创造的重要方向。

4. 商业平台化

智能制造时代的一个重要特征，就是消费者将会参与到产品制造的全过程，这就迫使我们必须改变工业时代养成的线性思维模式，通过构建平台打开直接沟通的大门。互联网与制造业的不断融合，让我们有条件构建各种各样的在线平台，这些在线平台将会打通企业与外部的联系通道，使得企业可以源源不断地从外部获取各种资源，从而不断产生新的竞争力。平台化运作的典型案例是电商企业，阿里巴巴通过平台化运作，迅速发展成为全球互联网巨头。随着 3D 打印等智能制造技术的兴起，与制造业紧密相连的行业都有可能会被各种平台所颠覆，从而构建起新的生态系统。在智能制造生态系统中，平台化运作无疑将会重塑我们的商业模式。

5. 营销网络化

随着"互联网+"步伐加快，智能化产品快速发展，各种渠道正不断被整合，进入互联网化的营销系统中。"互联网+"正在让传统销售渠道遭遇类似传统媒体遇到的挑战，一方面，电商销售平台的低成本运营正在不断压榨传统线下销售渠道的盈利空间；另一方面，电子商务将消费者及其背后的银行卡、水电煤缴费卡等加以绑定，使得网络消费更加便捷。另外，网络产品的丰富性也是线下渠道所无法比拟的，这些特征使得网络销售渠道对传统销售渠道的冲击越来越大。随着智能化程度越来越高，网络消费的安全性和信用等级不断提升，未来线下销售的空间将会变得非常有限。在智能制造生态系统中，网络化营销将成为主流方式。

5.2.2　价值网络的整合

一个产品的生产过程，包括需求确定、产品设计、产品规划、产品工程、生产销售服务等等多个价值链环节，每个环节可能由不同的企业完成。所谓的价值链集成，就是要把这种在一个企业之中或者多个企业之间生产的产品，从需求分析开始直到销售服务的全价值链集成起来，确保个性化的产品需求能够被实现。价值链集成的意义在于：它可以确保即使是唯一定制的个性化产品，也能在整个价值链上被准确、高效地生产出来，从而最大化满足客户的需求。

价值链集成是客户价值的实现途径，而价值网络的整合则保障了这种客户价值的最大化实现。他们共同组成了智能制造体系。

在智能制造时代，为了满足日益多样化的市场需求，必须细化社会分工，这将导致价值网络中的增值环节越聚越多，结构也日趋复杂。而价值网络的不断整合，使市场上的增值环节相对独立，并且逐渐集中。这些原本独属于某个价值链的环节分离出来之后，就不会仅仅受限于某个特定的价值网络，而是有了加入其他价值网络的可能。从而引出新的市场机会——价值网络的整合。

通过设计新价值链，使市场上各个环节的产品保持优质，然后将它们有效联合起来，创造出高效益的价值网络。在生产智能化和自动化程度越来越高的当下，市场竞争也变得越来越激烈，为价值网络的整合创造了更多可利用的机遇。

1. 制造行业的整合

在制造行业，价值网络的整合是指将各种不同制造阶段的智能系统集成在一起，既包括一个公司内部的材料、能源和信息的配置(如原材料、生产过程、产品外出物料、市场营销等等)，也包括不同公司之间的价值网络的配置。

没有价值网络的整合，也就无法保障产品的个性化。通过互联网、物联网、云计算、大数据、移动通信等等全新技术手段，对分布式的智能生产资源进行高度整合，构建起基于智能网络的智能工厂间的集成，是智能制造时代实现客户个性化需求的基础。

2．物理世界的整合

价值网络的整合不仅仅只限于制造行业，通过互联网这个平台，客户、企业、工厂、服务、能源、物流、交通等资源得以全部连接在一起，实现了物理世界资源的连接和互通。互联网消除了距离感，不论是全球的哪一个角落，都可以获得实时的沟通和信息分享。因此，任何通过信息不对称来获利的行业都将面临巨大的挑战，很多中间的批发和销售环节会被互联网化的电商和渠道所取代，价格也将变得越来越透明。

但是，在这个去除中间渠道的互联网化进程中，智能制造又带来了一种新的信息不对称，就是从原来企业掌握更多信息，变成用户掌握更多的信息，因而用户的主导权变得更加的显著。用户可以轻易地通过网络，对产品和制造工厂进行评价，其他的用户也可以通过网络共享这种评价。这样的改变，显然会促使制造企业或工厂重新思考和定位整个商业模式和供应链制造模式，同时也是智能制造时代背景下，制造业新兴价值体系的意义所在——用户驱动产品，数据驱动制造，一切以用户价值为核心。

价值网络的整合绝不仅仅是一家制造工厂内部的事情，借助互联网进行的物理世界的资源整合将会带来完全不同的全新商业模式，而如何重新构建一套不同的研发、制造和供应流程来对这一新模式进行支撑，是智能制造时代大背景下，智能工厂需要思考的重要问题。

5.2.3 智能生产

1．智能生产的定义

所谓智能生产，即指生产过程的智能化。

在智能制造体系中，智能工厂或企业必须完成生产方式由从厂商制造到用户个性化制造的转变。根据用户需求进行制造的智能生产方式将成为一种标准化制造方式，这种方式既可以节省制造成本，又可以减少制造时间，同时还能减少甚至抛弃库存，为制造商和用户带来更多方便。而传统的制造工厂必须完成向智能工厂的升级改造，才能达到这一生产方式的要求。

智能生产模式可以借助产品生命周期软件来优化产品生产流程，这也将促使企业改变原有的生产管理方式，并调整自己的组织结构。

2．智能生产的实现——智能工厂

互联网经济的发展，让全世界兴起了一股虚拟经济与实体经济跨界整合的潮流，这对制造企业提出了更高的要求。

首先，企业必须缩短产品上市的时间。互联网技术的发展，让社会发展节奏不断提速。在这种大环境下，产品迭代速度成为各种企业克敌制胜的法宝，假如研发与生产周期还停留在原有水平的话，企业就会被产品更快上市的竞争对手甩在身后。

其次，企业必须改变提高生产效率的方式。传统工厂提高生产效率的办法主要是：让工人严格按照经过反复研究的标准化操作规范来作业，并且时不时地加班加点。这种高投入、高能耗的工作方式，已经越来越难以提高工厂的生产效率了。

最后，变幻莫测的个性化市场需求促使生产制造流程必须具有更高的灵活性。随着个性化消费日益成为市场主流，生产大批量、多种类的个性化定制产品将成为制造企业的主要任务。这就要求生产制造流程必须采用智能生产的模式，以适应个性化生产的要求。融合虚拟生产与现实生产的智能工厂，就是被市场需求新形势催生出来的。

智能制造时代的制造工厂将会变得高度智能化，产品、零部件等都将具有智能。智能生产线会根据产品和零部件中事先输入的需求信息，自动调节生产系统的配置，指挥各个机器设备，把千变万化的个性化定制产品制造出来。这就是未来的智能生产与智能工厂的概貌。

在智能工厂的生产过程中，传统上"先设计后制造"的生产模式将被完全改变。因为在智能生产线中，产品的设计研发、零部件制作、生产组装等过程，都是在同一个大数据平台上完成的。在制造信息系统或制造平台的流程管理下，这些过程几乎是同步进行，而需要的所有数据和信息都来源于大数据平台。因此，工程师的绘图、设计和经验在智能工厂中将变得不那么重要。

将一切信息数字化的智能生产模式，极大地压缩了产品的研制周期与上市时间，也为之后的产品生产提供了模板和数据。除此以外，这种智能生产模式让工人的工作方式也产生了很大的变化，原本由工人负责完成的工作，比如产品零部件装配、产品零器件检测等，都将由智能机器人配合智能生产线来完成。

经过智能生产线的多次装配及质量检测后，加工完毕的成品会被传送到包装工位，再由智能机器人接手，把装好的产品用升降梯与传送带发往企业的物流中心。按照传统的生产流程，完成这一系列任务需要几十甚至上百名工人。而智能生产线上的工人不需要亲自完成上述工序，他们只需监督智能生产线的运行状况。于是，一个人就能实现过去上百人的生产效率，并且保持更优良的产品质量，将操作失误降至最低。这便是智能生产模式与智能工厂的魅力。

智能工厂的运转，离不开创新的软件与强大的硬件，其中最重要的就是产品生命周期软件。产品生命周期包含了最初的方案设计、技术调试、生产规划，以及流水线上的加工组装、外形包装、装箱等环节。产品经过物流配送到最终用户手上时，才算完成了一个周期。随着智能制造体系的进一步完善，产品生命周期甚至会延续到产品报废回收阶段。

3．智能生产的目标

从根本上说，智能制造之所以把智能生产与智能工厂视为核心发展内容，是为了在生产者与最终用户之间建立直接联系。若想实现这个目标，制造业应努力实现如下三个方面的目标。

1) 建立灵活的生产网络

所谓灵活的生产网络，指的是与先进互联网技术融合的个性化生产体系。美国的"工业互联网"就以此为重点研究对象。传统的 C2B(客户到企业)商业模式是先下订单再生产，而物联网发展成熟时，消费者则可以与工厂的智能生产线通过同一个大数据平台直接对接。

例如,在智能制造时代的智能工厂里,消费者可以对汽车、服饰、首饰等产品进行个性化预定。从提出需求开始,智能网络就能随时把生产商的信息交换给最终用户,最终用户也可以借助虚拟可视化等技术,参观智能工厂的"模拟生产",见证灵活高效的智能生产流程。智能工厂能够自主生产,省略了工厂管理层、研发部门、生产部门开会协调工作的环节。如此一来,消费者就能更快、更廉价地获得自己想要的个性化产品。

2) 实现工业大数据的价值

工业大数据的运用将为制造业带来巨大的商机。工业大数据的价值主要体现在三个方面:首先,大数据技术能提高工厂的能源利用率;其次,大数据技术让工业设备的维护效率实现了质的突破;最后,大数据可以优化生产流程并简化运营管理方式。

3) 智能机器人与智能生产线得到广泛应用

智能机器人不仅有精准快捷的装配技艺,还可以实现 M2M 模式的"机器对话"。智能生产线将人、机器、信息融为一体,其中最主要的是让机器与机器之间能够"沟通"。假如前一台智能机器人加快速度,后一台智能机器人就会自动收到前者发送过来的信息。如此一来,两台机器人就可以灵活而默契地改变工作节奏。这种立足于"机器对话"的智能生产,是对自动化生产的一次跨越式升级。

由此可见,智能制造时代的智能生产模式,将为人类的生产与生活带来前所未有的巨大变化。生产流水线上的工人将越来越少,可以相互"沟通"的智能工业机器人却越来越多。机器人不再是完全受制于按钮操控的自动化设备,而是能与工人进行人机合作,并且具备对环境与任务的灵巧感知。

随着人口红利的逐渐消失,中国对智能机器人与智能化无人工厂的需求将会越来越大。但是,智能工厂并不是完全淘汰工人,而是把工人从体力劳动与简单脑力劳动中完全解放出来,扮演更有创造性与挑战性的角色。例如技术创新、战略规划、生产监督与协调维护智能机器的正常运转,等等。可见,以智能生产与智能工厂为标志的智能制造,将会对未来工人的素质提出更高的要求。

5.2.4 服务型制造

在智能制造体系中,客户也是一个智能元素,可以通过网络被集成到智能制造环境中来。对于客户的集成有两种情形:第一种情形是大量的差异化需求。虽然每个需求都不相同,但是需求总量很大,这就是范围经济,通过多样化创造价值;第二种情形是个性化需求里的共性集中。这种情形是范围经济基础上的规模经济,价值更大。

智能制造体系集成客户的过程是多样的,既可以通过 O2O 工具(比如地铁中的、商场中的以及随处可见的二维码)、智能终端——如智能手机、平板等,也可以通过商业云平台。只有当用户通过这些工具接入到智能制造的网络中后,智能工厂才能根据用户的需求来生产产品。所以,客户首先是智能制造的开端。

然而,智能工厂或企业不仅要销售给客户他们所需的产品,还要向客户交付完美的服务。例如,汽车制造企业不仅仅卖车,还能向客户提供租车、客户融资、汽车保险、汽车修理、汽车替换及以旧换新服务,把服务集成为一个平台,从而将客户与智能工厂更紧密地联系在一起。由此来看,客户更是智能制造的中心。

服务业分为生产型服务和生活型服务两大类，科技服务、金融服务、商贸服务、智能物流、电子商务、售后服务等统称为生产服务业。智能制造时代，生产型服务完全由智能工厂完成。

传统的制造业，客户购买产品是一次性的行为，购买之后客户和工厂或企业的联系就结束了。但在智能制造时代，客户购买产品，只是消费关系的开始。客户购买产品之后，必然产生更多的延伸服务需求。因此，智能工厂不仅要达到生产方式的智能化，还要发展生产型服务业，通过智能工厂的大数据平台，将客户与智能工厂联系起来，为客户提供更加智能的后续服务，提高客户服务能力和水平。

智能制造体系对智能制造的生产型服务标准提出了要求，其中包括智能物流服务、检验检测认证服务、售后服务等标准。智能工厂必须根据智能制造标准，打造产品使用时间段内的全方位立体化服务体系，充分满足客户的各种需求，才能保障产品或品牌的自主竞争力，在激烈的市场竞争中占据一席之地。

5.3　智能制造的产业前景

自工业革命以来，任何一次产业的进步，背后的主要动力都是技术的发展。智能制造体系包含了"智能"和"制造"两个部分，而智能技术作为其核心，推动着制造业从自动化向智能化发展。

5.3.1　人机协作

智能制造的发展离不开机器人。发展智能机器人是打造智能制造装备平台、提升制造过程自动化和智能化水平的必经之路。

1959 年，美国人制造出世界上第一台工业机器人，此后，机器人在工业领域逐渐普及开来。随着科技的不断进步，特别是工业 3.0 的到来，广泛采用工业机器人的自动化生产线已成为制造业的核心装备。

但是，在智能制造时代，为了应对消费者日益增长的定制化产品的需求，智能工厂需要在有限空间内，充分利用现有资源，建设灵活、安全、可快速变化的智能生产线。为适应新产品的生产，更换生产线，缩短产品制造时间，需要灵活快速的生产单元来满足这些需求，并提高制造企业产能和效率，降低成本。因此，智能机器人会成为智能制造系统中最重要的硬件设备。某种意义上说，智能机器人的全面升级，是新一轮工业革命的重要内容。但在某些产品领域与生产线上，人力操作仍不可或缺，比如装配高精度的零部件、对灵活性要求较高的密集劳动等。在这些场合人机协作机器人将发挥越来越大的作用。

所谓的人机协作，即是由机器人从事精度与重复性高的作业流程，而工人在其辅助下进行创意性工作。人机协作机器人的使用，使企业的生产布线和配置获得了更大的弹性空间，也提高了产品良品率。人机协作的方式可以是人与机器分工，如图 5-5 所示，也可以是人与机器一起工作，如图 5-6 所示。

图 5-5　人机协作场景

图 5-6　人机协作场景

不仅如此，智能制造的发展要求人和机器的关系发生更大的改变。人和机器必须能够相互理解、相互感知、相互帮助，才能够在一个空间里紧密地协调，自然地交互并保障彼此安全。

在制造业转型升级的时代洪流中，智能机器人将越来越深入我们的工作与生活。如果忽视了智能机器人的研发与推广，整个《中国制造 2025》发展战略可能会从根基上动摇。而人和设备、机器在一起工作的人机协作模式，可以提高企业效率、加强质量控制、增强生产的灵活性，可以减少物流线的成本，让制造企业更靠近市场。机器人是智能制造的支撑设备，而人机协作将成为下一代机器人的本质特征。

5.3.2　高端装备

高端装备制造业是指生产高技术、高附加值的先进工业设施设备行业，具有技术密集、附加值高、带动作用强的特点。如图 5-7 所示，高端装备制造业是我国的七大新兴产业之一。高端装备制造产业的发展将带动整个装备制造业，包括智能制造装备的产业升级，推动装备制造业的振兴。

节能环保产业

新一代信息技术产业

生物产业

七大新兴产业

高端装备制造产业

新能源产业

新材料产业

新能源汽车

航空产业

卫星及应用

智能制造装备

轨道交通装备

海洋工程装备

智能仪器仪表与控制系统

关键基础零部件及通用部件

高档数控机床与基础制造装备

智能专用装备

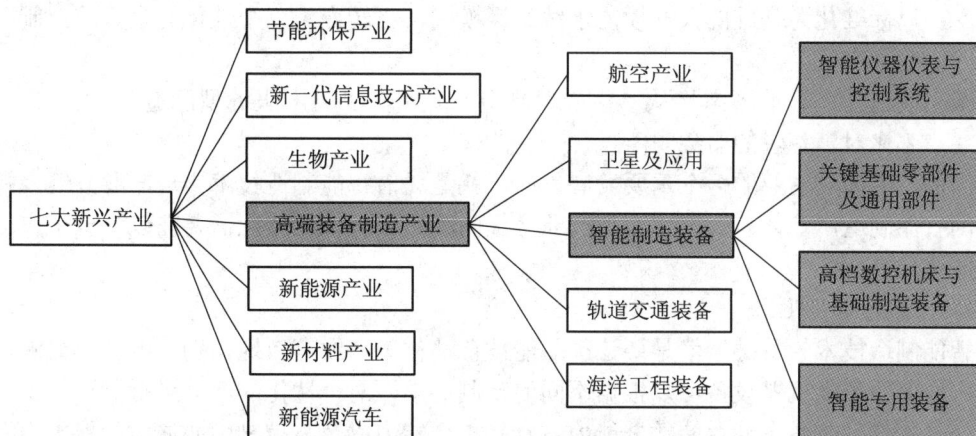

图 5-7　高端装备制造业

中国制造业的产能主要集中在低附加值部分，多以劳动密集型和资源密集型的低端制造业为典型代表，处于产品价值链的底端；在产品价值链研发和市场等高附加值的两端，中国缺乏国际上有影响力的跨国品牌企业，更是饱受"质量问题"的诟病。同时，我国智能制造关键核心技术，如高端芯片、高档数控系统、关键运动部件、高精度控制器和传感器等严重依赖进口，缺乏核心价值和技术创新，而基于这些技术的智能终端、高档数控机床、工业机器人等高端智能制造装备是智能制造的基本载体，是除了信息技术等"软体"之外，智能制造的关键"实体"所在，也是制约着我国制造业发展的关键环节。综上所述，目前我国在高端装备制造业领域，不管是品牌还是技术，与国际先进水平都还有一定差距。

针对这一状况，我国智能制造的重点发展领域包括：高档数控机床与基础制造装备，自动化成套生产线，智能控制系统，精密和智能仪器仪表与试验设备，关键基础零部件、元器件及通用部件，智能专用装备等。旨在实现生产过程自动化、智能化、精密化、绿色化，带动工业整体技术水平的提升。

高端装备制造业以高新技术为引领，处于价值链高端和产业链核心环节，是决定着整个产业链综合竞争力的战略性新兴产业，是现代产业体系的脊梁，是推动工业转型升级的引擎。大力培育和发展高端装备制造业，是提升我国产业核心竞争力的必然要求，是抢占未来经济和科技发展高点的战略选择，对于加快转变经济发展方式、实现由制造业大国向强国的转变具有重要的战略意义。

5.3.3　产业升级

传统制造业由自动化到智能化的升级，包含了四大因素：能实现智能生产的智能机器人，高度智能化的智能生产线，融合虚拟生产与现实生产的物联网系统，贯穿产品全生命周期的制造信息系统平台。通过技术创新，推动制造业建立全新生产模式，实现高度灵活的个性化、数字化产品和服务的生产，是智能制造的核心目标。

智能制造时代，制造业的产业模式将发生两个根本性变化：

◇ 以标准化为基础的大规模流水线生产模式，将转变为以个性化为宗旨的定制化生产规模。

◇ 制造业的产业形态将从"生产型制造"升级为"生产服务型制造"，进一步强化对消费者的服务职能。

当前，中国制造业的一个重要发展方向，就是凭借智能制造技术实现产业升级，打造自己的智能制造产业体系。若想实现产业升级的战略目标，制造业需要在以下五个方面推行智能化升级。

1) 产品的智能化

智能制造技术的关键，就是要让产品能被自动化生产线有效地识别、定位、追溯，使得生产线上的智能机器设备可以根据不同的定制要求，对个性化的产品进行制造加工。这要求产品本身须具备自动存储数据能力、感知指令能力以及与控制中心通信的能力。具体而言就是要在各种待加工产品上安装微型智能设备，如智能传感器、处理器、信息存储器、无线通信器等。未来的世界将是一个网络化、智能化的世界，其最主要的标志就是智能产品的广泛使用，这将为消费者的生活带来空前的便利，通过制造智能产品打造智慧城市也是未来的一个重要发展方向。

2) 制造装备的智能化

智能制造的主体是智能化的工业设备。从单个的智能机械手、智能传感器、智能机床到智能生产线、智能工厂，智能制造的工业生产设备都将具备高水平的人工智能。制造装备的智能化可以说是狭义的"智能制造"，其他领域的智能化都离不开制造装备的智能化。唯有这样，制造业才能够完成智能工厂的建设，实现工业产业链的重组。

3) 生产方式的智能化

所谓智能化的生产方式，主要指的是个性化生产与服务型制造。在智能制造时代，智能工厂完全按照消费者的个性化需求进行自动生产，企业内部组织、产品最终用户、业务合作伙伴三者将形成一个新的产业价值链，信息流、产品流、资金流在生产制造流程中的运行方式也将有所改变。

4) 管理的智能化

企业借助工业大数据，得以实现了纵向、横向、端对端的集成，可以及时、完整、精确地获得海量的用户数据。基于此，企业将与产业价值链上的所有利益相关方共同打造产业物联网，从而更加科学、高效、灵活、便捷地管理企业。

5) 服务的智能化

智能制造模式可以让最终用户全程参与整个产品的生命周期，与智能工厂携手完成研发设计、制造加工、组装包装、物流配送等环节。由于实现了与消费者的全程无障碍沟通，智能工厂可以在整个产品生命周期中为消费者提供更加人性化的服务。

由此可见，智能制造背景下的产业升级，不单是工业设备的升级，也不局限于局部的智能机器人研究，而是在信息技术与物联网、服务网的基础上，对整个制造行业进行深度的整合与彻底的智能化改造。智能制造革命不仅仅是换上一条更先进的生产线，而是一项覆盖整个产业价值链的系统工程。谁先完成工业体系的智能化升级，谁就能在智能制造时代抢得主动权。

5.3.4　跨界融合

在智能制造时代，工厂的集中式生产将向网络协同生产转变。信息技术使不同环节的企业间得以实现信息共享，能够在全球范围内迅速开展合作、动态调整合作对象、整合优势资源，在研发、制造、物流等各产业链环节实现全球分散化生产。这也使得传统的信息技术企业有更多的机会参与到制造业中，而传统的制造企业则向跨界融合企业转变。企业生产从传统的以产品制造为核心，转向重点提供具有丰富内涵的产品和服务，直至为客户提供整体解决方案，互联网企业与制造企业、生产企业与服务企业之间的边界日益模糊。

以一家智能手表的生产厂商为例，这种手表可以实时采集消费者身体的各项数据，监控消费者的身体状况。这些数据对手表厂商是无用的，但对保险公司而言则不然，此时，该手表厂商摇身一变，就可能成为最好的保险公司。

在智能制造时代，跨界融合将成为一种常态，所有的商业模式都将被重塑。每一个行业都在整合，都在交叉，都在相互渗透。未来的竞争，不再是产品的竞争、渠道的竞争，而是资源整合的竞争、终端消费者的竞争。在未来，很多行业和职位可能会消失，比如司机、装配工、中间商等；很多行业会受到冲击，比如传统的广告业、零售业、运输业、服务业等。取而代之的，更便利、更关联、更全面的商业系统正在形成。

这是一个时代的变革，也是一次重大的机遇。只有充分了解智能制造时代的这一特征，才能在新一轮的革命浪潮中把握住企业前进的方向，从而提高核心竞争力，获得消费者和市场的回报。

小　结

通过本章的学习，读者应该了解：

(1) 智能制造体系下营销方式的转变。

(2) 智能制造时代消费者需求的个性化转向与智能工厂生产方式的智能化转变。

(3) 智能制造体系的预测性所依赖的技术。

(4) 智能制造价值体系的特点。

(5) 智能制造价值链集成的意义。

(6) 智能制造时代产业升级的方向。

(7) 我国智能制造高端装备产业的优势和弱点。

练　习

1. 一个产品的生产过程包括＿＿＿＿、＿＿＿＿、＿＿＿＿、产品工程、生产、＿＿＿＿等等多个价值链环节，每个环节可能由不同的企业完成。

2. 在智能制造时代，＿＿＿＿＿＿的消费方式将成为市场认可的主流方式。

3. 简述制造业新兴价值体系的内涵。

4. 简述传统制造业从自动化到智能化的升级包含的四大因素。

5. 写出智能制造体系的预测性的具体表现。

6. 简述智能制造时代产业升级的方向。

7. 简述我国智能制造高端装备产业的优势和弱点。

第 6 章　智能制造的应用和展望

本章目标

- 了解智能制造背景下机器人的应用情况

- 了解智能工厂的概念

- 了解智能工厂的案例

- 了解《中国制造 2025》的目标

- 了解中国制造业的劣势

- 熟悉中国制造企业的转型方向

6.1 机器人时代

自从世界上第一台工业机器人诞生以来，机器人产业就以惊人的生命力迅速发展，直接推动了传统制造业的深刻变革。今天，这种变革正在向新经济时代的制造业进一步蔓延和渗透。在智能制造体系中，工业机器人是支撑整个系统有序运作必不可少的关键硬件。人机协作、机器换人等方式将加速生产过程的柔性化进程，解放劳动力，改变生产模式。

6.1.1 中国机器人产业现状

回顾 2015 年，受益于相关政策的扶持和传统产业转型升级的拉动，国内机器人产业实现了稳定增长，自 2015 年 3 月份起，每个月都有上市公司携重金涉足机器人产业，机器人的应用市场也在不断扩大。截至 2015 年末，中国正在服役的机器人已占全球总量的 9%左右，其中工业机器人达到 7500 台，同比增长 36.6%。机器人产品的类型也在不断发生变化，随着人机协作需求的扩大和技术的发展，小型机器人几乎成为各家企业着力发展的核心产品。

我国机器人产业的蓬勃发展，对传统制造工厂造成了一定的冲击。

首先，随着机器人智能水平的提高，机器人在越来越多的领域得到了应用，除了汽车行业，电子、食品加工、非金属加工和日用消费品等行业对机器人的需求增长也十分快速。

其次，机器人市场占有率的提高和机器人功能的延伸，使得制造企业对工人的需求量相对下降，一批制造业领域生产工人会因此下岗。但同时，机器人的大规模应用也会催生大量新岗位，如机器人的研发、操控和维修等，并能在一定程度上解决人口老龄化加剧的问题。

最后，大量应用机器人也改变了制造企业的管理模式。员工数量的减少，一定程度上简化了管理流程，但由于产品的演示及生产数据等均须通过计算机完成，因此对企业的信息化水平提出了更高的要求。

依托机器人产业兴起的高端制造业，可能成为美欧等发达国家与中国等新兴经济体的新竞争领域。2010 年，我国制造业产出占世界的比重为 19.8%，已超越美国成为全球制造业第一大国。但总体来看，在全球新一轮科技革命兴起、国内资源环境压力增大的特定背景下，我国传统工业模式不可持续发展的矛盾日益凸显，而主要发达国家试图夺回制造业优势的势头则非常明显。奥巴马政府明确提出，要通过发展机器人产业等高端制造业，实现美国经济"基业长青"。2013 年，欧盟明确提出欧洲须进行"再工业化"重振欧洲经济，并制定了将欧盟工业 GDP 比重由 15.6%提升至 2020 年 20%的总体目标，其中，机器人产业是发展的重点。

"中国制造"在机器人时代要想继续保持竞争力，必须以国内市场需求为导向，积极布局机器人产业等智能制造业，尽快确立机器人产业的国产品牌；把打造机器人全产业链作为"十三五"产业发展的重点，加强基础研究，掌握核心技术，推动机器人产业链的上下游一体化；坚持引资、引智、引技相结合，产学研用相结合，从技术集成起步，逐渐向中上游拓展，加强产业链上下游的匹配与协同；将机器人与大数据、云计算、物联网、移动互联网相结合，形成"中国制造"的新优势。

我国机器人市场的繁荣，并不能掩饰产业发展的短板。如今，国产机器人核心部件中的高档变速器、伺服器等几乎全部依赖进口，国产核心零部件要进入主流机器人生产线还有很长一段路要走。机器人产业正在进入 2.0 时代，对于中国机器人厂商来说，机遇与挑战并存，应从以下几方面入手，提升企业核心竞争力。

(1) 加强研发能力。在机器人 2.0 时代，企业要走到产业价值链条的顶端，获取最丰厚的市场回报，就要抓住技术革新的机遇。国内厂商不能再像传统制造业那样，仅仅匍匐在产业链的最底层做加工、做组装，而是要以市场需求为导向，成为创新主体，既要有挑战高精尖技术的勇气，又要充分尊重市场规律，才能抓住核心技术，突出自身优势，实现差异化发展，从而走出一条属于中国机器人产业的突破创新之路。

(2) 加强机器人领域的人才培养。机器人的关键技术需要人才来研发，机器人的实际使用需要人才来操作。机器人技术难度高、风险大，国内外经验都表明，要实现机器人技术跨越，推进产业发展，必须依托国内有基础、有实力的核心研发队伍，建立多层次的产学研用紧密结合的机器人技术创新体系。而能否培养出适应机器人时代的大量高级技术人才，则日益成为制约制造业竞争力提升的重要因素。

(3) 发展机器人产业集群。机器人产业的发展需要成规模的机器人企业，这里的规模不仅仅指产业规模，更指企业的综合实力。这需要政府加大对机器人产业的资金支持力度和政策扶持，大力发展机器人产业园或产业基地，引导机器人产业发展，从而形成较完善的工业机器人产业体系，增强机器人的高端市场竞争力。

6.1.2 案例：浙江样板调查

2013 年，浙江省正式提出"555 机器换人"推进计划，即在五年内，每年实施 5000 个项目，投入 5000 亿资金，帮助省内企业实现"机器换人"。

浙江"机器换人"的形式，主要包括对部分生产环节及整条生产线的自动化改造、对自动化生产线+工业机器人生产方式的推广、对机器设备"机联网"与企业"厂联网"的建设等。除政府的大力推动以外，制造企业的迫切需求也促使浙江"机器换人"工程加速推进。

浙江省经信委调研报告指出，"机器换人"有助于大幅减少一线员工、优化企业人员结构。浙江 61.5%的企业一线员工比重超过 10%，而在 2013 年，通过"机器换人"，其中 16.3%的企业一线员工减少 30%以上，68.9%的企业生产成本下降 5%以上，全省减少普通劳动用工 70 万人，2014 年 1~8 月，继续减少了 60 万简单劳动为主的操作工人。更重要的是，"机器换人"能够进一步保证产品品质，而产品质量提升会带来更多利润的增长。经过"机器换人"，2013 年浙江全省工业企业利润增长了 15.2%。"机器换人"也推动了产业结构的调整。机器的保养、维修等配套服务，以及围绕升级后产品的营销、设计、创意、电商服务都带动了高端服务业的发展。

但是，"机器换人"的成本也相当高。中小企业大多缺少技术部门及研发人员，难以自主开发新工艺、新设备。目前浙江省制造企业使用的自动化设备 90%以上来自国外，不仅价格昂贵，还需要二次改装和调试。而"机器换人"采用的高端技术，必然对企业一线员工的专业素质提出更高要求，低端劳动力的需求量大幅减少，技术工人、专业技术人员等高级技工却越发紧缺，几乎无一企业能够避免陷入人才困境。

浙江的"机器换人"，对于中国工业化和城镇化的转型具有标本意义。在《中国制造2025》勾勒出的中国制造业未来10年发展蓝图中，机器人作为十大重点领域上升为国家战略。机器人产业的发展速度将再次提升，步入一个新的繁荣发展期。但是，我国机器人产业创新弱、竞争能力差等产业发展瓶颈仍存在。在带领传统制造业转型升级的过程中，机器人产业亟须补足短板，增强自身竞争力，唯有如此，才能翻开智能制造新篇章，为助推经济转型升级贡献更多的力量。

6.2 智能工厂

随着物联网、大数据、移动应用等一系列前沿信息技术的发展，全球范围内的新一轮工业革命开始提上日程，工业转型进入实质阶段。而在中国，《中国制造2025》战略的出台，表明国家开始积极行动起来，发力把握新一轮工业发展机遇，实现工业智能化转型。智能工厂作为工业智能化发展的重要实践形式，已经引发行业的广泛关注。

6.2.1 智能工厂的概念

通过底层设备互联互通、大数据决策支持、可视化展现等技术手段，进行生产过程的智能化管理与控制，最终实现全面智能生产的工厂，可以称为智能工厂。智能工厂的典型运作场景如图6-1所示。

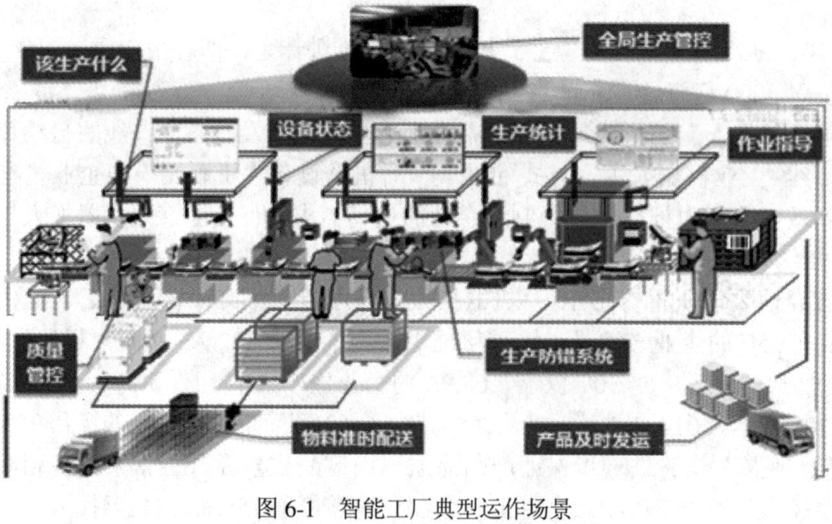

图6-1 智能工厂典型运作场景

从狭义上来看，智能工厂是移动通信网络、数据传感监测、信息交互集成、高级人工智能等智能制造相关技术、产品及系统在工厂层面的具体应用，以期实现生产系统的智能化、网络化、柔性化、绿色化。从广义上来看，智能工厂是以制造为基础、向产业链上下游同步延伸的组织载体，涵盖了产品整个生命周期的智能化作业。

智能工厂的本质是通过人机交互，实现人与机器的协调合作，从而优化生产制造流程的各个环节，具体体现在如下几个方面：

(1) 制造现场：使制造过程透明化，敏捷响应制造过程中的各类异常，保证生产有序进行。

(2) 生产计划：合理安排生产，减少瓶颈问题，提高整体生产效率。

(3) 生产物流：减少物流瓶颈，提高物流配送精确率，减少停工待料问题。

(4) 生产质量：更准确地预测质量趋势，更有效地控制质量缺陷。

(5) 制造决策：使决策依据更翔实，决策过程更直观，决策结果更合理。

(6) 协同管理：解决各环节信息不对称问题，减少沟通成本，支撑协同制造。

建设智能工厂已成为传统制造企业转型升级的主要突破方向，但智能工厂没有统一的概念，也没有统一的衡量标准，因此，如何建设适合中国工业企业的智能工厂，仍是需要在实践中思索和探讨的问题。显而易见，智能工厂的建设，既关系到设备、生产线的智能化，还要打通企业运作的各个环节，是对传统流程、传统管理模式的重大变革。

6.2.2　案例：江淮汽车制造工厂

在中国，企业对智能工厂的建设尚处于探索阶段，本节以江淮汽车制造工厂为例，对目前国内企业在工厂智能化升级改造方面的成果进行展示。

1. 全自动生产线

江淮汽车制造工厂(以下简称江淮汽车)在焊装车间使用了 ABB 公司提供的自动焊接机器人，通过多个机器人实现拼装连接工艺，既保障了焊接工艺的精细程度，又实现了柔性生产，达到了降低生产成本的目的。

在涂装车间，江淮汽车同样拥有一系列全自动化控制设备，保障产品的精密生产。比如国内节拍最高的摆杆链生产线，可实现多种车型高柔性化的全自动生产，并随时跟踪车身位置及状态。

而在江淮汽车制造工厂的冲压车间，有四条自动生产线，全部由工业机器人(自动机械臂)完成作业。冲压是汽车四大生产工艺的第一步，就是把一块块切割好的钢板冲压成型，制成轿车生产所需的不同形状的钣金部件。在冲压车间，工业机器人根据预先设定的程序和输入的质量标准完成自己负责的冲压工序，然后将冲压好的钢板自动送入下一个工序，如图 6-2 所示。

图 6-2　冲压生产线

2. 信息技术改造

江淮汽车进行信息技术升级改造前，存在的主要问题如表 6-1 所示。

表 6-1 江淮汽车生产存在的主要问题

主要问题	体 现	具 体 现 象
过程不透明	信息发布手段落后	生产指令基本靠手工发布(白板) 关键件装配信息仅凭操作工人经验
	数据采集不实时	操作不方便，数据容易丢失 各车间按照不同的标识管理在制品 生产数据不能及时反应到系统中
	沟通不及时	各车间半成品分开管理，无法全局控制 生产状况靠电话沟通，不够实时、准确 生产过程不可视
生产不优化	计划制定不合理	设备利用率低于70% 关键件装配切换频繁 经常因上游供应不足或下游生产能力不足影响生产
	物料配送繁杂易出错	手工生产配送清单，工作量大 信息滞后，导致配送不够及时 物料短缺经常导致停线 无历史记录，无法追溯
信息孤岛	多信息源未能有效集成	各种系统操作复杂、种类繁多，无法进行有效数据交换

针对以上问题，江淮汽车制造工厂建立车间实时信息采集与处理平台，实时监控汽车正常生产时四大车间的运行，优化生产运作；实现发动机加工/装配协同运作，减少在制品库存和储运成本；按需实时发布物料需求，减少物流短缺导致的停线，优化物流执行，减少物流成本；集成已有软硬件平台，消除信息孤岛，实现各系统及时有效的数据交换，提高生产和运转效率，促进精益生产。

6.2.3 案例：云制造平台"亿能云联"

如前 4.3.2 节所述，云制造是利用信息技术和网络技术，通过建立共享制造资源的公共服务平台汇聚大量社会制造资源，提供各种制造服务，实现制造资源与服务的开发协作以及社会资源高度共享的技术。

制造工厂借助青岛亿能云联公司(www.yinengyunlian.com)的"亿能云联"平台，实现企业内部资源共享的案例如图 6-3 所示。

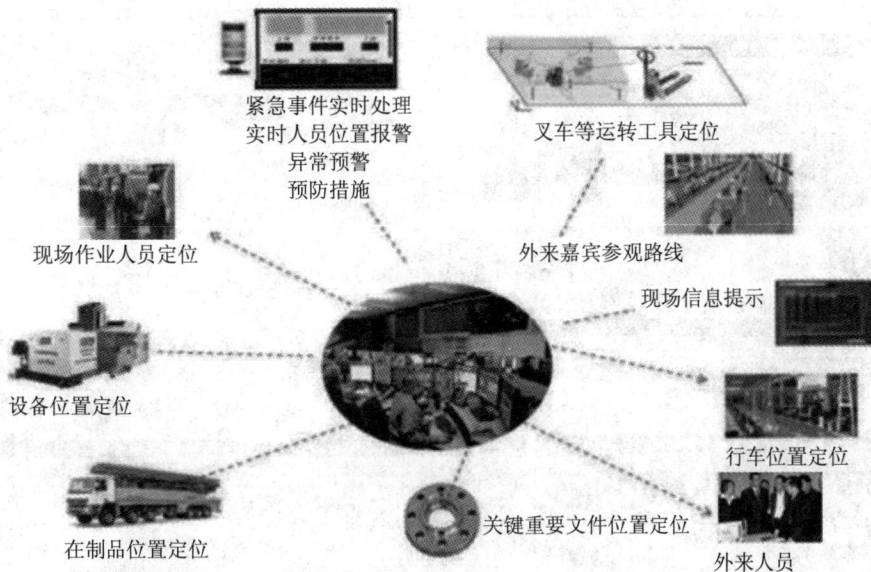

图 6-3　"亿能云联"实现制造工厂内部资源共享

　　云制造将实现对产品开发、生产、销售、使用等全生命周期相关资源的整合，提供标准、规范、可共享的制造服务模式。"亿能云联"平台整合企业各种软硬件系统的案例如图 6-4 所示。

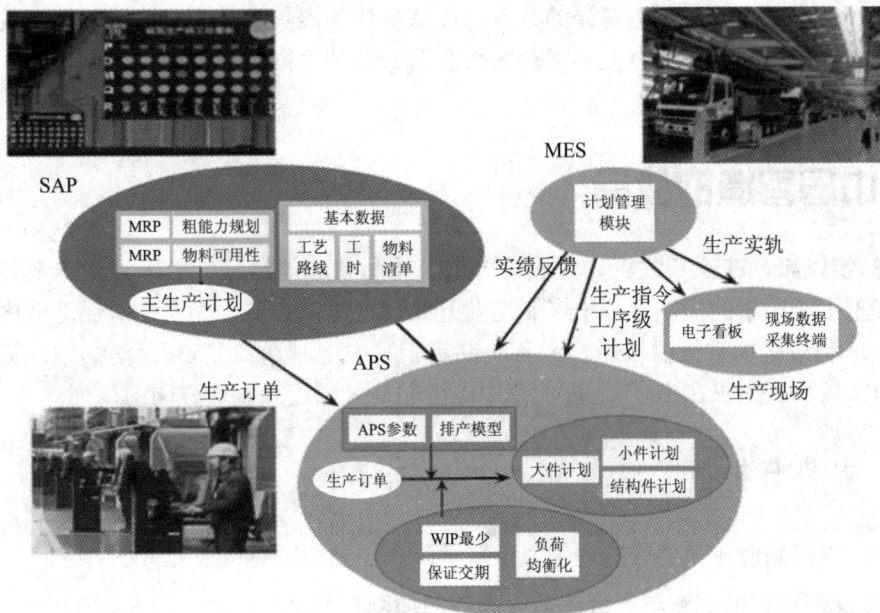

图 6-4　"亿能云联"整合企业软硬件系统

　　通过整合企业、车间的软硬件系统，云制造平台能够实现对生产过程的实时监测和控制，协调生产流程，提高生产效率。"亿能云联"平台进行实时生产控制的案例如图 6-5 所示。

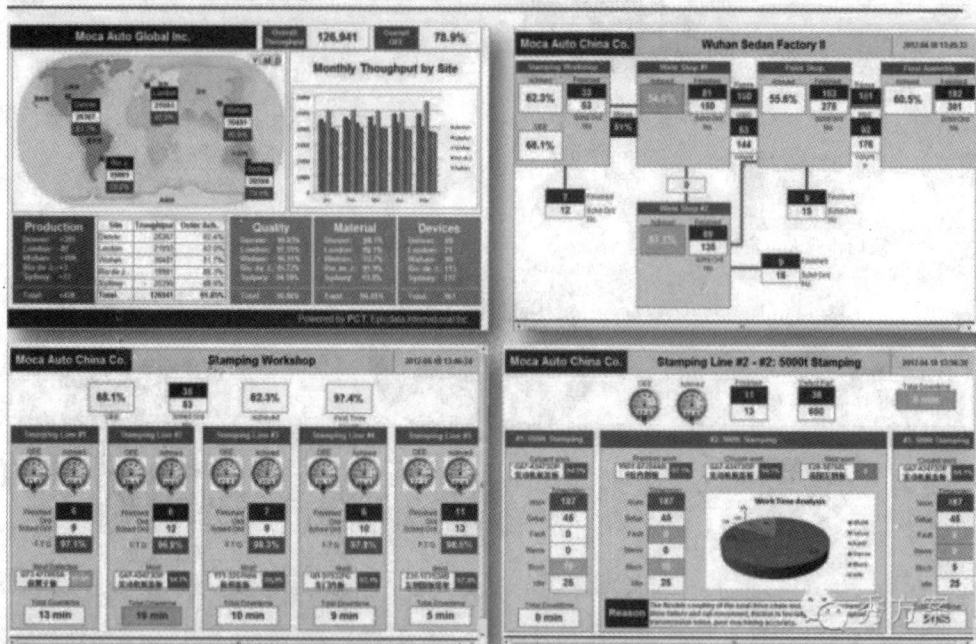

图 6-5 "亿能云联"进行实时生产控制

以上是利用云制造平台共享企业内部制造资源的案例。除此之外，云制造平台还可以面向全球，实现更大范围制造资源的共享。制造资源的聚集和共享，可以加速产业价值链的横向集成，使不同的制造企业实现跨区域和跨行业的协同生产，促使中国制造业向服务型制造转变。

6.3 中国智造的使命

2008 年以来，在次贷危机、人民币升值、原材料和能源涨价、人力成本上升、融资困难等多重不利因素的影响下，中国制造业开始出现下滑态势。为了应对制造业困局，同时抓住全球制造格局重组的机遇，国务院制定了《中国制造 2025》行动纲领，提出以智能制造为突破口，力求在 10 年之内，使中国由制造大国迈入制造强国的行列。

6.3.1 劣势与挑战

目前，中国制造业在全球的竞争力日益下降，主要原因有以下几方面。

1. 全球产业链的调整与高端制造业竞争的加剧

我国成为全球第一制造业大国的重要历史背景是发达国家的去工业化。然而，当前主要发达国家试图夺回制造业优势的势头非常明显。奥巴马政府明确提出，要让美国经济"基业长青"，必须重振制造业。欧盟和日本也出台了一系列举措，加快了制造业转型升级的步伐。

2．失去相对于发展中国家和发达国家的低成本优势

据《德勤中国竞争力调查报告 2011》数据显示：目前，大部分东南亚国家的人力成本约为中国的 50%。从制造业从业人员的月平均工资来看，越南大概是 1000 元，印度约为 600 元，而我国东部沿海地区已经达到 2500～3000 元；2003 年我国制造业产品的成本平均比美国要低 22%，但到 2008 年年底已收窄至 5.5%，2008 年后更是逐渐下降。按照波士顿咨询公司(BCG)的调查，美国的人力与能源成本比欧洲和日本低得多，到 2015 年，美国的制造业成本仅比我国长三角地区高 5%左右。

3．创新能力不足，高端人才匮乏，产品附加值低

改革开放以来，以市场换技术的方式，大量引进外资和技术，以解决我国经济社会快速发展的问题。但付出的代价是国内市场被跨国公司抢占，而想要得到的高新技术特别是核心技术却寥寥无几；同时，由于中国的法律制度缺乏对知识产权的严格保护，整个国家缺乏科技发明创新的土壤，绝大多数企业不注重科技研发，造成大部分企业缺乏核心竞争力。因此，我国虽号称制造大国，实际上相当于世界的加工厂，处于价值链的底端，生产企业几乎无利可图。

中国制造业的发展遇到了历史性的挑战，过去的低成本、粗放性的模式难以持续，竞争优势也在丧失，制造业亟待转型。与此同时，全球制造业格局面临重大调整，新的生产方式、产业形态和商业模式正在形成，国际产业分工格局正在重塑，我国制造业转型升级、创新发展正在迎来重大机遇。

6.3.2　行动纲领

2015 年 5 月 8 日，国务院印发旨在实施制造强国战略的第一个十年行动纲领——《中国制造 2025》，在此纲领中，智能制造被定位为中国制造的主攻方向。

行动纲领提出：到 2020 年，我国要基本实现工业化，制造业大国地位进一步巩固，制造业信息化水平大幅提升。掌握一批重点领域关键核心技术，优势领域竞争力进一步增强，产品质量有较大提高。制造业数字化、网络化、智能化取得明显进展。重点行业单位工业增加值能耗、物耗及污染物排放明显下降。到 2025 年，实现制造业整体素质大幅提升，创新能力显著增强，全员劳动生产率明显提高，两化(工业化和信息化)融合迈上新台阶。重点行业单位工业增加值能耗、物耗及污染物排放控制达到世界先进水平。形成一批具有较强国际竞争力的跨国公司和产业集群，在全球产业分工和价值链中的地位明显提升。

而要达成这一系列目标，可谓任重而道远，中国制造业需要实现以下几个转变。

1．中国制造——由"代工"向"代设计"转变

作为后发展国家，中国制造的崛起是全球产业链迁移与产能转移的产物。30 年大规模的产业引进与产品输出，造就了"世界消费、中国制造"的世界经济格局。经过多年的发展，我国的工业体系门类齐全，产业规模已占整个世界制造业的 20%左右。但仍有自主创新能力不足、品牌质量水平不够高、产业结构不合理等缺陷，尤其是关键核心技术受制于人。我国技术对外依存度高达 50%以上，95%的高档数控系统，80%的芯片，几乎全部高档液压件、密封件和发动机都依靠进口。

在《中国制造 2025》中，一个亟待实现的转变是从"中国制造"到"中国创造"，而中国创造的一个具体体现就是技术创新。未来制造业的竞争的核心是"技术竞争"，技术的创新发展，不仅会带动传统制造领域的生产率提高和产品性能提升，还会促使战略性新兴产业领域涌现数量众多的新材料、新能源、新生物产品及新设备。

此外，国家还应建设若干具有世界影响力的创新设计集群，培育一批专业化、开放型的工业设计企业，鼓励代工企业建立研究设计中心，向代设计和出口自主品牌产品转变，同时大力发展各类创新设计教育，设立国家工业设计奖，激发全社会创新设计的积极性和主动性。

2．智能制造——"衣食行"等方面智能化

《中国制造 2025》提出：要加快机械、航空、船舶、汽车、轻工、纺织、食品、电子等行业生产设备的智能化改造，提高精准制造、敏捷制造的能力。统筹布局并推动智能交通工具、智能工程机械、服务机器人、智能家电、智能照明电器、可穿戴设备等产品的研发和产业化。

同时，要发展基于互联网的个性化定制、众包设计(公司或机构将设计任务外包给大众网络的做法)、云制造等新型制造模式，推动形成基于消费需求动态感知的研发、制造和产业组织方式，建立优势互补、合作共赢的开放型产业生态体系。加快开展物联网技术研发和应用示范，培育智能监测、远程诊断管理、全产业链追溯等工业互联网新应用。

3．绿色制造——制定绿色企业标准体系

在《中国制造 2025》中，"绿色"成为贯穿全文的主色调。工信部将构建绿色制造体系，包括建设绿色工厂、实施绿色制造、加大循环利用、倡导绿色消费等多个方面；同时，实施重点区域、流域、行业清洁生产水平提升计划；建立严格的标准和评价机制，制定绿色产品、绿色工厂、绿色园区、绿色企业标准体系，企业如不符合绿色制造标准，将上"黑名单"。

4．中国质量——中国制造急需突破质量瓶颈

高质量是制造业强大的重要标志之一，它从市场竞争角度反映出国家的整体实力。中国在一些关键材料、零部件和核心系统的制造上，产品质量和可靠性不高，因而只能长期依赖进口。中国若要改变制造业低水平、低附加值的现状，必须从质量入手。

《中国制造 2025》提出，要坚持把质量作为建设制造强国的生命线，强化企业质量主体责任，加强质量技术攻关，建设法规标准体系、质量监管体系、先进质量文化，营造诚信经营的市场环境，走以质取胜的发展道路。要在食品、药品、婴童用品、家电等领域实施覆盖产品全生命周期的质量管理、质量自我声明和质量追溯制度，保障重点消费品质量安全。

5．中国品牌——从贴牌大国迈向品牌大国

实现中国产品向中国品牌的转变，是《中国制造 2025》提出的又一个重要目标。目

前，中国已是位居全球第二的制造业大国，但仍然只是一个贴牌大国，不是品牌大国。贴牌和品牌的差别直接体现在利润上，而中国出口的商品中 90%以上是贴牌产品，品牌缺失导致中国企业只能处在全球产业链低端。"中国制造"必须有自己的国际名牌。

伴随中国企业"走出去"步伐加快，越来越多的中国品牌开始跃上国际舞台。最新的世界品牌 500 强中，中国有 29 个内地品牌上榜。当今的中国，正在从制造大国迈向制造强国，从贴牌大国迈向品牌大国，可以预见，将来会有越来越多享誉世界的中国品牌，成为国际市场上耀眼的"中国名片"。

6.3.3　转型策略

从中国制造到中国"智"造，从制造业大国走向制造业强国，一直以来是中国制造业乃至全体中国人的梦想。《中国制造 2025》行动纲领的发布，显示了政府对中国制造业转型升级的高度重视，为中国制造走向中国"智"造提供了一个契机。凭借国家政策的支持和多年的技术沉淀，中国制造业正迅速向智能制造蜕变，"智"造之路不再遥远。

对于制造企业来说，实现从中国制造向中国智造的跨越，路径可能各有不同。但相同的是思维的转换，是态度与意志的觉悟。要实现 10 年内迈入制造强国的行列的目标，制造企业必须首先从企业文化入手，树立严格的企业标准。

1．生产让市场尊敬的产品

让市场尊敬的产品，首先是有品质保障的产品。企业应该对产品保持虔敬之心，确保产品始终按照专业的标准去制造。只有保持这种基本信念，企业才能坚守制造标准，对产品制造流程精益求精，对制造工艺持续改进，对不合格产品及制造环节零容忍，对顾客的产品质量投诉高度重视，以企业标准高于国家标准、行业标准为荣。

品质是一种态度。只有秉承生产让市场尊敬的产品的信念，企业才能战胜懈怠与短视，做出高性价比的优质产品。只有这样，才能确保产品始终受到消费者和市场的认可，从而增强企业的竞争力和品牌效应。

2．用品牌代表的向上价值观驱动企业管理

品牌是企业的核心，品牌所代表、象征的生活形态及其价值主张，代表了企业的价值观。中国已经进入互联网时代，企业将生存在一个越来越无边界的社会环境之中，价值观不再是企业装点门面的口号，而是"无缝"链接企业内外利益相关者的纽带，也是企业管理的核心驱动力。

中国"智"造企业，必须树立"向上的"企业价值观。以宝洁品牌为例，它代表的是品质、科学、效率、人才等现代企业理念；再比如万科的"不行贿、做精品"的价值观，反映或代表了当今中国主流人群、社团、阶层的观念精华。这些"向上的"价值观以及企业的管理方式及理念，可以为社会接受，从而使企业长久地得到社会的认可以及利益的回报。

中国制造不仅需要战术、进步、转向，更需要战略、进化、转变。将"智慧"贯穿中国制造的整个生命周期，使中国制造成为智慧的中国"智"造，是中国制造的使命。

小　结

通过本章的学习，读者应当了解：

(1) 智能制造背景下机器人的应用情况。

(2) 智能工厂的概念和应用。

(3) 《中国制造 2025》的目标。

(4) 中国制造业的劣势。

(5) 中国制造业企业的转型方向。

练　习

1. 简述你对智能制造时代"机器换人"的理解。

2. 简述智能工厂的概念，以及你对智能工厂的理解。

3. 简述中国"智"造的使命。

附件 A 智能制造相关名词术语和缩略语

4G：第四代移动通信技术(the 4th Generation Mobile Communication Technology)

5G：第五代移动通信技术(the 5th Generation Mobile Communication Technology)

CAD：计算机辅助设计(Computer Aided Design)

CAM：计算机辅助制造(Computer Aided Manufacturing)

CRM：客户关系管理(Customer Relationship Management)

DCS：分布式控制系统(Distributed Control System)

EDDL：电子设备描述语言(Electronic Device Description Language)

EPA：工厂自动化用以太网(Ethernet in Plant Automation)

ERP：企业资源计划(Enterprise Resource Planning)

FCS：现场总线控制系统(Fieldbus Control System)

FDI：现场设备集成(Field Device Integration)

FDT：现场设备工具(Field Device Tool)

IEC：国际电工技术委员会(International Electrotechnical Committee)

IP：互联网协议(Internet Protocol)

IPv6：互联网协议第六版(Internet Protocol Version 6)

ISO：国际标准化组织(International Organization for Standardization)

LTE-M：长期演进技术——机器对机器(LTE-Machine to Machine)

MBD：基于模型定义(Model Based Definition)

MES：制造执行系统(Manufacturing Execution System)

OPC UA：OPC 统一架构(OPC Unified Architecture)

PLC：可编程逻辑控制器(Programmable Logic Controller)

PLM：产品生命周期管理(Product Lifecycle Management)

SCADA：监控与数据采集系统(Supervisory Control And Data Acquisition)

SCM：供应链管理(Supply Chain Management)

WIA：工业自动化用无线网络(Wireless Networks for Industrial Automation)

附件B 已发布、制定中的智能制造基础共性标准和关键技术标准

总序号	分序号	标准名称	标准号/计划号	对应国际标准号	所属的国际标准组织	状态
A 基础共性						
AA 基础						
1		信息技术 词汇	GB/T 5271	ISO/IEC 2382		已发布
2		信息技术 嵌入式系统术语	GB/T 22033-2008			已发布
3		工业过程测量和控制 术语和定义	GB/T 17212-1998			已发布
4		网络化制造技术术语	GB/T 25486-2010			已发布
5		技术产品文件 计算机辅助设计与制图 词汇	GB/T 15751-1995	ISO/TR 10623-1992	ISO	已发布
6		制造业信息化 技术术语	GB/T 18725-2008			已发布
7		信息技术 开放系统互联 基本参考模型	GB/T 9387	ISO/IEC 7498		已发布
8		过程检测和控制流程图用图形符号和文字代号	GB/T 2625-1981			已发布
9		工业过程测量和控制 在过程设备目录中的数据结构和元素	GB/T 20818	IEC 61987	IEC SC65E	已发布
10		工业过程测量、控制和自动化 生产设施表示用参考模型(数字工厂)	GB/Z 32235-2015	IEC 62794	IEC TC65	已发布
11		供应链管理业务参考模型	GB/T 25103-2010			已发布
12		批控制	GB/T 19892.1~19892.2	IEC 61512	IEC SC65A	已发布
13		信息技术 元数据注册系统(MDR)	GB/T 18391.1~18391.6	ISO/IEC 11179	ISO/IEC JTC1 SC32	已发布
14		信息技术 实现元数据注册系统(MDR)内容一致性的规程	GB/T 23824	ISO/IEC TR 20943	ISO/IEC JTC1 SC32	已发布
15		信息技术 开放系统互连注册机构操作规程 一般规程	GB/T 17969.1-2000	ISO/IEC 9834-1		已发布

续表一

总序号	分序号	标准名称	标准号/计划号	对应国际标准号	所属的国际标准组织	状态
16	16	信息技术 开放系统互连 OID 的国家编号体系和注册规程	GB/T 26231-2010			已发布
17	17	信息技术 传感器网络第 501 部分: 标识: 传感节点编码规则	GB/T 30269.501-2014			已发布
18	18	工业物联网仪表身份标识协议	20150005-T-604			制定中
19	19	信息技术 开放系统互连 用于对象标识符解析系统运营机构的规程	20112007-T-604			制定中
20	20	信息技术 开放系统互连 对象标识符解析系统	20120558-T-469	ISO/IEC 29168-1:2011		制定中
21	21	信息技术传感器网络第 502 部分: 标识: 解析和管理规范	20120545-T-469			制定中
22	22	传感器网络 标识 解析和管理规范	20120545-T-469			制定中
23	23	智能传感器术语	20150007-T-604		IEC TC65	制定中
24	24	增材制造(AM)技术 术语	20142484-T-604	ISO 17296-1:2014	ASTM	制定中
AB 安全						
25	1	工业控制网络安全风险评估规范	GB/T 26333-2010			已发布
26	2	工业控制系统信息安全	GB/T 30976.1~30976.2			已发布
27	3	工业自动化产品安全要求	GB 30439			已发布
28	4	过程工业领域安全仪表系统的功能安全	GB/T 21109.1~21109.3	IEC 61511	IEC SC65A	已发布
29	5	控制与通信网络 CIP Safety 规范	20132552-Z-604	IEC 61784-3	IEC SC65C	制定中
30	6	控制与通信网络 Safety-over-EtherCAT 规范	20141330-T-604	IEC 61784-3	IEC SC65C	制定中
31	7	工业通信网络网络安全 第 2-1 部分: 建立工业自动化和控制系统安全程序	20120829-T-604	IEC 62443-2-1	IEC TC65	制定中
32	8	集散控制系统(DCS)安全防护标准	20130783-T-604			制定中
33	9	集散控制系统(DCS)安全管理标准	20130784-T-604			制定中
34	10	集散控制系统(DCS)安全评估标准	20130785-T-604			制定中
35	11	集散控制系统(DCS)风险与脆弱性检测标准	20130786-T-604			制定中

续表二

总序号	分序号	标准名称	标准号计划号	对应国际标准号	所属的国际标准组织	状态
36	12	用于工业测量与控制系统的 EPA 规范 第 5 部分：网络安全规范	20077698-Q-604			制定中
37	13	可编程逻辑控制器(PLC)安全要求	20130787-T-604			制定中
38	14	信息安全技术 电力系统安全可控信息系统安全指标体系	20120527-T-469			制定中
AC 管理						
39	1	信息技术 服务管理	GB/T 24405	ISO/IEC 20000		已发布
AD 检测评价						
40	1	信息技术开放系统互连一致性测试方法和框架	GB/T 17178.1~17178.7	ISO/IEC9646		已发布
41	2	工业过程测量和控制，系统评估中系统特性的评定	GB/T 18272.1~18272.8	IEC 61069	IEC SC65A	已发布
42	3	工业自动化仪表通用试验方法	GB/T 29247-2012			已发布
43	4	过程测量和控制装置 通用性能评定方法和程序	GB/T 18271.1~18271.4	IEC 61298	IEC SC65B	已发布
44	5	过程工业自动化系统出厂验收测试(FAT)、现场验收测试(SAT)和现场综合测试规范	GB/T 25928-2010	IEC 62381	IEC SC65E	已发布
45	6	Modbus 测试规范	GB/T 25919-2010			已发布
46	7	信息技术 开放系统互连 测试方法和规范(MTS)测试和测试控制记法 第 3 版 第 4 部分：TTCN-3 操作语义	20142102-T-469			制定中
47	8	智能传感器 性能评定方法	20150010-T-604			制定中
48	9	增材制造技术 主要特性和测试方法	2015139-T-604	ISO 17296-3:2014	ISO TC261	制定中
AE 可靠性						
49	1	可靠性、维修性与有效性预计报告编写指南	GB/T 7289-1987			已发布
50	2	系统可靠性分析技术 失效模式和影响分析(FMEA)程序	GB/T 7826-2012			已发布
51	3	测量、控制和实验室用的电设备 电磁兼容性要求	GB/T 18268	IEC 61326	IEC SC65A	已发布
52	4	电子设备可靠性预计模型及数据手册	20132222-T-339			制定中

续表三

总序号	分序号	标准名称	标准号/计划号	对应国际标准号	所属的国际标准组织	状态
53	5	系统可信性规范指南	20141011-T-339	IEC 62347:2006	IEC/TC56	制定中
54	6	设备可靠性 可靠性评价方法	20141010-T-339	IEC62308:2006	IEC/TC56	制定中
55	7	物联网总体技术 智能传感器可靠性设计方法与评审	20150015-T-604			制定中
B 关键技术						
BA 智能装备						
56	1	可编程序控制器第 1 部分：通用信息	GB/T 15969.1～15969.8	IEC 61131	IEC SC65B	已发布
57	2	可编程仪器标准数字接口的高性能协议	GB/T 15946-2008	IEC 60488	IEC SC65C	已发布
58	3	工业以太网交换机技术规范	GB/T 30094-2013			已发布
59	4	工业机器人 编程和操作形图用户接口	GB/T 19399-2003			已发布
60	5	机器人低成本通用通信总线	GB/T 29825-2013			已发布
61	6	快速成形软件数据接口	GB/T 25632-2010			已发布
62	7	信息技术 中文语音识别互联网服务接口要求	20141232-T-469			制定中
63	8	信息技术 中文语音合成互联网服务接口要求	20141231-T-469			制定中
64	9	信息技术 中文语音识别终端服务接口要求	20141233-T-469			制定中
65	10	智能传感器第 1 部分：总则	20120832-T-604			制定中
66	11	智能传感器 检查和例行试验导则	20150003-T-604			制定中
67	12	物联网总体技术 智能传感器特性与分类	20150018-T-604			制定中
68	13	物联网总体技术 智能传感器接口规范	20150004-T-604			制定中
69	14	工业物联网仪表互操作协议	20150011-T-604			制定中
70	15	工业物联网仪表服务协议	20150012-T-604			制定中
71	16	工业物联网仪表应用属性协议	20150006-T-604			制定中
72	17	远程终端单元(RTU)技术规范	20142423-T-604			制定中

续表四

总序号	分序号	标准名称	标准号/计划号	对应国际标准号	所属的国际标准组织	状态
73	18	机器人仿真开发环境接口	20120878-T-604			制定中
74	19	机器人模块化操作系统接口	20130872-T-604			制定中
75	20	高速式机器人通信总线接口	20130873-T-604			制定中
76	21	开放式机器人控制器通讯接口规范	20112051-T-604			制定中
77	22	增材制造(AM)文件格式	20142485-T-604	ISO/ASTM 52915:2013	ISO&ASTM	制定中
78	23	增材制造技术 增材制造产品设计指南	20151392-T-604	ISO/ASTM DIS 20195	ISO&ASTM	制定中
BB 智能工厂						
79	1	信息技术 射频识别 800~900 MHz 空中接口协议	GB/T 29768-2013			已发布
80	2	信息技术 射频识别 2.45 GHz 空中接口协议	GB/T 28925-2012			已发布
81	3	信息技术 射频识别 2.45 GHz 空中接口符合性测试方法	GB/T 28926-2012			已发布
82	4	现场设备工具(FDT)接口规范	GB/T 29618	IEC 62453	IEC SC65E	已发布
83	5	过程控制用功能块	GB/T 21099.1~21099.3	IEC/TS 61804	IEC SC66E	已发布
84	6	控制网络 LONWORKS 技术规范	GB/Z 20177.1~20177.4			已发布
85	7	控制网络 HBES 技术规范 住宅和楼宇控制系统	GB/T 20965-2013			已发布
86	8	工业通信网络 工业环境中的通信网络安装	GB/T 26336-2010	IEC 61918		已发布
87	9	工业过程测量和控制系统用功能块	GB/T 19769.1~19769.4	IEC 61499	IEC SC65B	已发布
88	10	技术产品文件 字体 拉丁字母、数字和符号的 CAD 字体	GB/T 18594-2001			已发布
89	11	技术制图 CAD 系统用图线的表示	GB/T 18686-2002			已发布
90	12	技术产品文件 CAD 图层的组织和命名 第 1 部分：概述与原则	GB/T 18617.1~18617.11	ISO 13567	ISO	已发布
91	13	技术产品文件 生命周期模型及文档分配	GB/T 19097-2003	ISO 15226:1999	ISO	已发布
92	14	技术产品文件 计算机辅助技术信息处理 安全性要求	GB/T 16722.1~16722.4	ISO 11442	ISO	已发布
93	15	CAD 工程制图规则	GB/T 18229-2000			已发布

续表五

总序号	分序号	标准名称	标准号/计划号	对应国际标准号	所属的国际标准组织	状态
94	16	CAD 文件管理	GB/T 17825.1~17825.10			已发布
95	17	计算机辅助工艺设计(CAPP)系统功能规范	GB/T 28282-2012			已发布
96	18	工业企业信息化集成系统规范	GB/T 26335-2010			已发布
97	19	工业自动化系统 企业参考体系结构与方法论的需求	GB/T 18757-2008	ISO 15704: 2000, IDT	ISO TC184	已发布
98	20	工业自动化系统 企业模型的概念与规则	GB/T 18999-2003	ISO 14258: 1998, IDT	ISO TC184	已发布
99	21	工业自动化系统 制造报文规范	GB/T 16720.1~16720.4	ISO 9506	ISO TC184	已发布
100	22	工业自动化系统与集成 制造软件互操作性能建规 第 1 部分：框架	GB/T 19902.1~19902.6	ISO 16100	ISO TC184	已发布
101	23	工业自动化系统与集成 测试应用的服务接口	GB/T 22270.1~22270.2	ISO 20242	ISO TC184	已发布
102	24	工业自动化系统与集成 开放系统应用集成框架 第 1 部分：通用的参考描述	GB/T 19659.1~19659.5	ISO 15745	ISO TC184	已发布
103	25	工业自动化系统与集成 产品数据表达与交换	GB/T 16656.501-2005	ISO 10303	ISO TC184	已发布
104	26	工业自动化系统与集成 能力评估以及维护应用集成框架 第 1 部分：综述与通用要求	GB/T 27758	ISO 18435	ISO TC184	已发布
105	27	工业自动化系统与集成 过程规范语言	GB/T 20719	ISO 18629	ISO TC184	已发布
106	28	工业自动化系统与集成 制造执行系统功能体系结构	GB/T 25485-2010		ISO TC184	已发布
107	29	工业自动化系统 车间生产	GB/T 16980.1~16980.2	IDT ISO/TR 10314	ISO TC184	已发布
108	30	企业信息集成 集成实施指南	GB/T 26327-2010			已发布
109	31	企业集成 企业建模框架	GB/T 16642-2008	ISO 19439-2006, IDT	ISO TC184	已发布
110	32	企业集成 企业建模构件	GB/T 22454-2008	ISO 19440-2007, IDT	ISO TC184	已发布
111	33	企业资源计划	GB/T 25109.1~25109.4			已发布
112	34	企业用产品数据管理(PDM)实施规范	GB/Z 18727-2002			已发布
113	35	企业控制系统集成	GB/T 20720.1~20720.3	IEC 62264	ISO TC184	已发布

续表六

总序号	分序号	标准名称	标准号/计划号	对应国际标准号	所属的国际标准组织	状态
114	36	网络化制造系统应用实施规范	GB/T 25487-2010			已发布
115	37	网络化制造环境中业务互操作协议与模型	GB/T 30095-2013			已发布
116	38	网络化制造系统集成模型	GB/T 25488-2010			已发布
117	39	制造业信息化评估体系	GB/T 31131-2014			已发布
118	40	机器的状态检测和诊断 数据处理、通信和表达	GB/T 22281.1~22281.2	ISO 13374	ISO TC184	已发布
119	41	面向制造业信息化的 ASP 平台功能体系结构	GB/T 25460-2010			已发布
120	42	基于网络化的企业信息集成规范	GB/T 18729-2011			已发布
121	43	自动引导小车 通用技术条件	GB/T 20721-2006			已发布
122	44	OPC 统一结构	20090699-T-60	IEC 62541	IEC SC65E	制定中
123	45	FDT/DTM 和 EDDL 互操作规范	20130772-T-604			制定中
124	46	PROFIBUS 安装导则 规划设计、布线装配与调试验收	20132542-T-604			制定中
125	47	工业自动化能效	20141328-T-604	IEC/TR 62837: 2013	IEC TC65	制定中
126	48	技术产品文件 产品生命周期管理 文档管理	20130219-T-469			制定中
127	49	先进自动化技术及其应用 制造业企业应用过程互操作要求 第 1 部分: 企业互操作框架	20120881-T-604	ISO 11354-1:2011 IDT	ISO TC184	制定中
128	50	集团企业经营管理信息化核心构件标准	20132566-T-604			制定中
129	51	集团企业经营管理业务参考模型	20132567-T-604			制定中
130	52	自动识别技术和 ERP、MES 和 CRM 等技术的接口	20132580-T-604			制定中
131	53	自动化系统与集成 制造系统能源效率和环境影响因素的评估 第 1 部分: 概述和总则	20141341-T-604	ISO 20140-1:2013	ISO TC184	制定中
132	54	自动化系统与集成制造系统 先进控制与优化软件集成 第 2 部分: 架构和功能	20141342-T-604			制定中

续表七

总序号	分序号	标准名称	标准号计划号	对应国际标准号	所属的国际标准组织	状态
133	55	物流装备管理监控系统功能体系	2013876-T-604			制定中
BC 智能服务						
134	1	弹性计算应用接口	GB/T 31915-2015			已发布
135	2	信息技术 云数据存储和管理 第 2 部分：基于对象的云存储应用接口	GB/T 31916.2-2015			已发布
136	3	云计算术语	20120570-T-469			制定中
137	4	云计算参考架构	20121421-T-469			制定中
138	5	信息技术 云计算 云服务级别协议规范	20153705-T-469			制定中
BD 工业软件和大数据						
139	1	软件工程 产品质量	GB/T 16260.1～16260.4			已发布
140	2	软件工程 软件产品质量要求与评价(SQuaRE)SQuaRE 指南	GB/T 25000.1-2010			已发布
141	3	软件工程 软件产品质量要求和评价(SQuaRE)商业现货(COTS)软件产品的质量要求和测试细则	GB/T 25000.51-2010			已发布
142	4	嵌入式软件质量保证要求	GB/T 28172:2011			已发布
143	5	系统与软件功能性	GB/T 29831.1～29831.3			已发布
144	6	系统与软件可靠性	GB/T 29832.1～29832.3			已发布
145	7	系统与软件可移植性	GB/T 29833.1～29833.3			已发布
146	8	系统与软件维护性	GB/T 29834.1～29834.3			已发布
147	9	系统与软件效率	GB/T 29835.1～29835.3			已发布
148	10	系统与软件易用性	GB/T 29836.1～29836.3			已发布
149	11	嵌入式软件质量度量	GB/T 30961-2014			已发布
150	12	信息技术 软件生存周期过程指南	GB/Z 18493-2001			已发布
151	13	系统工程 系统生存周期过程	GB/T 22032-2008			已发布

续表八

总序号	分序号	标准名称	标准号与计划号	对应国际标准号	所属的国际标准组织	状态
152	14	系统工程 GB/T 2032C系统生存周期过程应用指南	GB/Z 31103-2014			已发布
153	15	物联网 数据质量	20150046-T-469			制定中
154	16	多媒体数据语义描述要求	20141172-T-469			制定中
155	17	信息技术 通用数据导入接口规范	20141204-T-469			制定中
156	18	信息技术 数据溯源描述模型	20141202-T-469			制定中
157	19	信息技术 数据质量评价指标	20141203-T-469			制定中
158	20	信息技术 数据交易服务平台 交易数据描述	20141200-T-469			制定中
159	21	信息技术 数据交易服务平台 通用功能要求	20141201-T-469			制定中
160	22	制造执行系统(MES)规范	2012-0532T-SJ			制定中
161	23	工艺数据管理规范	2012-0546T-SJ			制定中
162	24	产品生命周期管理规范	2012-0547T-SJ			制定中
163	25	数据能力成熟度评价模型	20141184-T-469			制定中
164	26	软件资产管理 能力成熟度模型	2012-2404T-SJ			制定中
165	27	软件资产管理 实施指南	2012-2405T-SJ			制定中
BE 工业互联网						
166	1	信息技术 传感器网络 第 301 部分: 通信与信息交换: 低速无线传感器网络网络层和应用层支持子层规范	GB/T 30269.301-2014			已发布
167	2	信息技术 系统间远程通信和信息交换 局域网 第 3 部分: 带碰撞检测的载波侦听多址访问(CSMA/CD)的访问方法和物理层规范	GB/T 15629.3-2014			已发布
168	3	信息技术 系统间远程通信和信息交换 OSI 路由选择框架	GB/Z 17977-2000			已发布
169	4	信息技术 增强型通信型通信运输协议 第 1 部分: 单工组播运输规范	GB/T 26241.1-2010			已发布
170	5	信息技术 中继组播控制协议(RMCP)第 1 部分: 框架	GB/T 26243.1-2010			已发布

续表九

总序号	分序号	标准名称	标准号/计划号	对应国际标准号	所属的国际标准组织	状态
171	6	信息技术 传感器网络 第 2 部分: 术语	GB/T 30269.2-2013			已发布
172	7	信息技术 传感器网络 第 302 部分: 通信与信息交换: 面向高可靠性应用的无线传感器网络媒体访问控制和物理层规范	20120549-T-469			已发布
173	8	信息技术 传感器网络 第 501 部分: 标识: 传感节点标识符编制规则	GB/T 30269.501-2014			已发布
174	9	信息技术 系统间远程通信和信息交换 局域网和城域网 特定要求	GB/T 15629			已发布
175	10	信息技术 传感器网络 第 701 部分: 传感器接口: 信号接口	GB/T 30269.701-2014			已发布
176	11	测量和控制数字数据通信 工业控制系统用现场总线 类型 3: PROFIBUS 规范	GB/T 20540-2006	IEC 61158、IEC 61784	IEC SC65C	已发布
177	12	测量和控制数字数据通信 工业控制系统用现场总线 类型 10: PROFINET 规范	GB/T 20541-2006	IEC 61158、IEC 61784	IEC SC65C	已发布
178	13	测量和控制数字数据通信 工业控制系统用现场总线 类型 2: ControlNet 和 EtherNet/IP 规范	GB/Z 26157-2010	IEC 61158、IEC 61784	IEC SC65C	已发布
179	14	测量和控制数字数据通信 工业控制系统用现场总线 类型 8: INTERBUS 规范	GB/Z 29619-2013	IEC 61158、IEC 61784	IEC SC65C	已发布
180	15	工业通信网络 现场总线规范 类型 20: HART 规范	GB/T 29910-2013	IEC 61158、IEC 61784	IEC SC65C	已发布
181	16	工业通信网络 现场总线规范 类型 10: PROFINET IO 规范	GB/T 25105	IEC 61158、IEC 61784	IEC SC65C	已发布
182	17	工业通信网络 现场总线规范 类型 20: HART 规范 第 5 部分: WirelessHART 无线通信网络及通信行规	GB/T 29910.5-2013	IEC 62591:2010	IEC SC65C	已发布
183	18	工业以太网现场总线 EtherCAT	GB/T 31230-2014	IEC 61158、IEC 61784	IEC SC65C	已发布
184	19	工业无线网络 WIA 规范	GB/T 26790.1~26790.2	IEC 62601	IEC SC65C	已发布
185	20	用于工业测量与控制系统的 EPA 系统结构与通信规范	GB/T 20171-2006	IEC 61158、IEC 61784	IEC SC65C	已发布
186	21	以太网 POWERLINK 通信行规规范	GB/T 27960-2011	IEC 61158	IEC SC65C	已发布

续表十

总序号	分序号	标准名称	标准号computing计划号	对应国际标准号	所属的国际标准组织	状态
187	22	基于 Modbus 协议的工业自动化网络规范	GB/T 19582-2008	IEC 61158、IEC 61784	IEC SC65C	已发布
188	23	CC-Link 控制与通信网络规范	GB/T 19760-2008	IEC 61158、IEC 61784	IEC SC65C	已发布
189	24	PROFIBUS&PROFINET 技术行规 PROFIdrive	GB/T 25740-2013			已发布
190	25	信息技术 系统间远程通信和信息交换 社区节能控制网络协议	20141206-T-469			制定中
191	26	信息技术 传感器网络 第 901 部分: 网关	20120550-T-469			制定中
192	27	信息技术 通用布缆 工业建筑群	20132347-T-469			制定中
193	28	信息技术 系统间远程通信和信息交换低压电力线通信	20141207-T-469			制定中
194	29	信息技术 传感器网络 第 1 部分: 参考体系结构和通用技术要求	20091414-T-469			制定中
195	30	信息技术 传感器网络 第 303 部分: 通信与信息交换: 基于 IP 的无线传感器网络网络层技术规范	20153381-T-469			制定中
196	31	信息技术 传感器网络 第 305 部分: 通信与信息交换: 超声波通信协议规范	20150041-T-469			制定中
197	32	信息技术 传感器网络 第 401 部分: 协同信息处理: 支撑协同信息处理的服务及接口	20100400-T-469			制定中
198	33	信息技术 传感器网络 第 502 部分: 标识: 传感节点解析和管理规范	20120545-T-469			制定中
199	34	信息技术 传感器网络 第 504 部分: 标识: 传感节点标识符管理规范	20153386-T-469			制定中
200	35	信息技术 传感器网络 第 601 部分: 通用技术规范	20091418-T-469			制定中
201	36	信息技术 传感器网络 第 602 部分: 信息安全: 网络传输安全技术规范	20120551-T-469			制定中
202	37	信息技术 传感器网络 第 603 部分: 信息安全: 安全路由技术规范	20150039-T-469			制定中
203	38	信息技术 传感器网络 第 604 部分: 低速率无线传感器网络网络层和应用支持子层安全测评规范	20153385-T-469			制定中
204	39	信息技术 传感器网络 第 702 部分: 传感器接口: 数据接口	20100398-T-469			制定中

续表十一

总序号	分序号	标准名称	标准号/计划号	对应国际标准号	所属的国际标准组织	状态
205	40	信息技术 传感器网络 第 801 部分: 测试: 通用要求	20120548-T-469			制定中
206	41	信息技术 传感器网络 第 802 部分: 测试: 低速无线传感器网络网络媒体访问控制和物理层	20120546-T-469			制定中
207	42	信息技术 传感器网络 第 803 部分: 测试: 低速无线传感器网络网络层和应用支持子层	20120547-T-469			制定中
208	43	信息技术 传感器网络 第 804 部分: 测试: 传感器接口测试规范	20153384-T-469			制定中
209	44	信息技术 传感器网络 第 805 部分: 测试: 传感器网关测试规范	20153383-T-469			制定中
210	45	信息技术 传感器网络 第 806 部分: 测试: 传感节点标识符解析一致性测试技术规范	20153382-T-469			制定中
211	46	信息技术 传感器网络 第 1001 部分: 中间件: 传感器网络节点数据交互规范	20100399-T-469			制定中
212	47	信息技术 系统间远程通信和信息交换 中高速无线局域网媒体访问控制和物理层规范	20132349-T-469			制定中
213	48	信息技术 系统间远程通信和信息交换 局域网和城域网特定要求 基于可见光通信的媒体访问控制和物理层规范	20142105-T-469			制定中
214	49	物联网 协同信息处理参考模型	20150040-T-469			制定中
215	50	物联网 感知对象信息融合模型	20150049-T-469			制定中
216	51	物联网 信息交换和共享	20150042-T-469			制定中
217	52	物联网 参考体系结构	20130054-T-469			制定中
218	53	物联网 接口要求	20130055-T-469			制定中
219	54	制造过程物联集成平台应用实施规范	20132572-T-604			制定中
220	55	制造过程物联集成平台中间件平台参考体系	20132573-T-604			制定中

参 考 文 献

[1]　[德]乌尔里希·森德勒．工业 4.0：即将来袭的第四次工业革命[M]．北京：机械工业出版社，2014．

[2]　杨青峰．智慧的维度：工业 4.0 时代的智慧制造[M]．北京：电子工业出版社，2015．

[3]　夏妍娜，赵胜．工业 4.0：正在发生的未来[M]．北京：机械工业出版社，2015．

[4]　王喜文．中国制造 2025 解读：从工业大国到工业强国[M]．北京：机械工业出版社，2015．

[5]　陈宗智．工业 4.0 落地之道[M]．北京：人民邮电出版社，2015．

[6]　[德]贝格．弯道超车：从德国工业 4.0 到中国制造 2025[M]．上海：上海人民出版社，2015．

[7]　华海敏．全球制造业的颠覆工业 4.0[M]．北京：电子工业出版社，2015．

[8]　[美]罗伯茨．工业 4.0 时代 IT 与产业融合之道[M]．2 版．北京：人民邮电出版社，2015．

[9]　韦康博．工业 4.0 时代的盈利模式[M]．北京：电子工业出版社，2015．

[10]　许正．工业互联网[M]．北京：机械工业出版社，2015．

[11]　[美]李杰．工业大数据[M]．北京：机械工业出版社，2015．